生きる心理療法と教育

臨床教育学の視座から

皆藤　章　著

誠信書房

はじめに

本書は、現代の心理療法と教育について、一心理療法家としての筆者のこれまでの臨床体験にもとづいて論じたものである。「現代の」と形容したのは、一つには、心理療法も教育も人間の生き方にかかわる実践領域であって、時代・文化の影響を考慮しなければ論じることができないからである。いま一つは、とくに、現代という時代を生きるわれわれにとって、生き方のテーマがきわめて深刻化していると感じさせられるからである。それは、近年のわが国を驚嘆させたさまざまな事件を想起しても頷けるし、そして何よりもクライエントの語りのなかにそれを聴くからである。

また、たとえば学校臨床心理士（スクールカウンセラー）制度の試験的導入などにみられるように、心理療法と教育という二つの領域の接点が近年非常に強くなってきていることが挙げられる。しかし、筆者の知るかぎり、この領域に真に役立つ書物はほとんどないのが現状ではなかろうか。ただし、時流に乗ろうとしたのでは、けっしてない。心理療法家として心理療法の実践を積み重ねてきた筆者の体験が、この二つの領域の接点を強く感じさせるようになってきたのである。したがって、本書はあくまでも、一心理療法家としての視点から、心理療法について、そして教育との接点について論じたものとなっている。

筆者は、心理療法と教育の接点から、「臨床教育学」と呼ばれる学問領域が生まれてきたと考えている。この学問はきわめて浅い歴史しかもたないが、現代において非常に深い関心を集めている領域である。このような点も含めて、本書では、筆者が臨床教育学をどのように捉えているのかが明らかになっていくであろう。

以上のような点について、これまでの見解をまとめ、書物として世に問うことにした。筆者は「体験からものを語る」ことを基本姿勢としているので、できるかぎり心理学の専門用語や既成のことばを使わず、筆者の臨床体験から浮かび上がってきたことばで論じることをこころがけた。したがって、論理性を欠いて大胆に述べている箇所や、不勉強ゆえにすでに先賢によって指摘されてきたことを繰り返している箇所もあるかと思う。それらも含めて、本書を基盤として、心理療法と教育について、臨床教育学についての議論がさらに発展すれば、筆者としてはこれにまさる喜びはない。

序説は本書の概説である。第I部では心理療法と教育について取り上げる際の理論的背景として、筆者が必要と考える現代社会の時代性について論じ、発達概念を再検討した。第II部では第I部を踏まえて、現代の心理療法についての筆者の考えを事例を交えて論じた。最後に本書全体のまとめとして、現代の心理療法と教育が共通に抱えるテーマについて総括し、筆者が考える臨床教育学について論じた。

本書は技法論ではない。心理療法や教育現場に即座に役立つ技法があるとは思えないし、またそのようなものがあったとしても、それは小手先の技法に終始する危険性をもっていると筆者は考えている。本書では、心理療法と教育について考える際の基盤として必要と思われることがらについて、筆者なりの考えをまとめ、臨床教育学の視座を提示したものである。

なお、本書で取り上げた事例については、秘密保持のため本質を損なわない程度に事実関係に変更を施してある。

最後に、転載を許可された以下の出版社等に感謝します。岩崎学術出版社、大阪市立大学文学部、大阪市立大学文学部教育学教室、甲南大学文学部心理臨床研究室（順不同）。

一九九七年　初秋

皆藤　章

目次

序説

はじめに

1

「臨床教育学」が高等教育機関に独立した講座として誕生したのは、いまからおよそ十年前の一九八七年のことである。その歴史はきわめて浅く、したがってこれから新たな体系をつくりあげていく途上にある学問領域と言える。

臨床教育学とはどのような経緯で生まれた、どのような学問なのであろうか。これについては共通する見解はまだない。教育学の領域からこの点を論じることも可能であろうし、心理学とくに臨床心理学の領域から論じることも可能であろう。河合も述べるように(1)、それぞれの臨床教育学があってよいとも言える。本書では、臨床心理学を専門とし、心理療法の体験を積み重ねてきた筆者の体験を基盤として、臨床教育学の視座を提示してみたい。すなわち、「私の」臨床教育学についての考えを臨床体験から提示し、筆者なりにこの学問を位置づけることが本書の中心テーマである。

1　臨床心理学と臨床教育学

臨床教育学が誕生してきた背景には、河合も指摘するように[2]、子どもとかかわる教師・親・家族たちが教育をめぐる現実の諸問題にいかに対処するのかという視点からみた、臨床心理学へのきわめて実際的な要請がまずあった。

現代のわが国の教育をめぐる深刻な状況はいまさらことばを費やすまでもないが、教育の現場では、子どもに「いかにかかわるのか」という点での教師の悩みは深い。親・家族もまた同様である。その際、既成の方法論・価値観でのかかわりがいかに無力であるか、それどころかそうしたかかわりがいかに子どもに深いこころの傷を負わすことになるかを、子どもにかかわる多くの人間は体験してきたし、いまなおそうである。このような実践領域に即座に有効な知恵が提供できるほど、ことは容易ではない。

たとえば、当初「学校恐怖症」と呼ばれていた不登校や校内暴力が問題になってきたのは、一九五〇年代後半のことであった。多くの臨床心理学者がこの問題を抱える人びとにかかわってきた。筆者もその一人として、教育現場の人びととの研究会や、保護者や子どもへの心理療法などを行なってきた。そうした取り組みは現在も続けられている。けれども、実際には不登校は減少の兆しすらみせていない。そのことの是非は別次元の問題であるとしても、子どもをめぐる現状がいまなお深刻であることは論を俟たないであろう。また、近年になっていじめの問題も深刻化し、これら諸問題は社会問題の様相を呈している。

臨床心理学の領域がこれら諸問題にいかなる貢献を成し得たのかという議論はともかく、こうした子どもの教育をめぐる諸問題にいかにかかわるのかという実際的な活動の歴史を踏まえて、臨床心理学から臨床教育学と呼ばれる学問領域が誕生してきたと筆者は考えている。

ところで、通常、新たな学問領域が誕生する経緯には、既設の学問体系では包摂できない限界領域の発生とそこからの展開がある。それでは、臨床教育学の場合にはどのような経緯があったのであろうか。この点は、きわめて議論のむずかしい問題ではないかと思われる。この二つの学問が、ともに生きる人間を研究対象とすること、人間の生き方が時代や文化の影響を受けるために、このような視角をも射程に入れて考えねばならないことなどからもそのことがうかがえる。臨床教育学の創設に携わった河合は、この学問は「きわめて実際的なことと関連するという特徴」をもち、「生命をもった人間ということが研究対象として考えられる限り、それは〈もの〉を対象として発展した近代科学とは異なる研究方法を必要とする」と述べている。(3) この指摘は、臨床心理学の現代的展開にも妥当すると筆者は考えている。

このようにみると、この二つの学問領域は厳密に区別することのできるものではなく、時代・文化・人間の生き方の変容にともなって、相互に関連し合いながら展開し続けるものであると考えることができる。

けれども、この二つの学問領域の重心はやはり異なるであろう。筆者は、臨床教育学は「人間の生き方」というテーマにより重心があると考えている。このように考えるようになったのは、先述したように、教育学の視点からではなく、筆者自身の心理療法の体験やさまざまな臨床体験の積み重ねからである。すなわち、「臨床」を足場として「教育」を考えるようになったのである。

2　臨床と教育

「臨床」とは文字どおり「床に臨む」の意である。そしてその「床」とは、「死の床」である。つまり「臨床」とは、死の床にある人の傍らに座り、死にゆく人のお世話をすることを意味することばである。

ここで筆者は、「死にゆく」ということを、現実とは異なる世界へと向かうこと、と捉えている。たとえば、身体に支障がなくても、生きている実感がないと語る人は多くいる。そうした人たちは、生きている実感をもっている人たちとは異なる世界に生きている。この世界を「異界」と呼ぶならば、異界と現実の両方の世界に生きているのである。そうした人たちが心理療法の場に訪れたとき、異界を生きながら現実を生きるという仕事が始まる。そして、心理療法のプロセスを経て、異界からの変容が体験されることになる。このようにみると、「臨床」とは、人間がある世界から別の世界へ向かおうとする変容のプロセスに、現実とのかかわりを配慮しながらかかわる作業であると言うことができる。

きわめて簡潔に述べたが、このような作業がいかに厳しく大変なことであるかは、心理療法家であれば実感として体験していることであろう。この場合、大切なことは、実感をもって生きている世界の方がよりよいものだとはかならずしも言えない、ということである。臨床とは、どちらの世界がよりよいという心理療法家の価値判断によって行なわれるものではない。それは、クライエント個々が、みずからの生き方を賭けて創造していかねばならない作業なのであり、その作業に心理療法家も同様の姿勢でかかわっていくのである。

さて、これまで述べてきたことを教育との関連で考えてみると、いまとは異なる世界へと向かうことは人生プロセスに必然的に生じてくると言えるのではないか。たとえば、小学校を卒業し中学校に入学する人も、まだ体験したことのない中学校という異なる世界へ向かう人と言うことができる。子どもから大人へと向かうこと、成人から中年へと向かうこと、これらのこともまた同様である。さらに、既成の節目ではなく、突然に生じてきた事態によって、これまでとは異なる世界を生きる必要が生じることもあるだろう。すなわち、「生きる（死ぬ）」という次元に立ったとき、異なる世界へと向かう作業は必然的に生じてくるのである。こうした作業にかかわることが「教育」の中心テーマであると筆者は考える。

ここで、現実とは異なる世界を内的世界と捉えると、たとえば子どもは、現実の世界に生きていながら、内界の深いファンタジーの世界にも生きている。そして、「生きる」ことをとおして、内界は現実とより調和のとれた世界へと変容していく。すなわち子どもは、内界と現実の両面を生きながら、内界の変容を体験していくのである。岩宮は、子どもの内界の変容体験を、問題行動を呈する子どもの心理療法体験をとおして「異界を生きる」と表現しているが[4]、実に興味深い観点であると思われる。子どもは「異界」と「現実」の両世界を生きつつ、異界すなわち内界の変容を体験していく。それは、子どもにとっては本当に大変な作業である。このことを子どもにかかわる人間は、かならずこころに留めておかねばならない。すなわち、「いかに生きるのか」は、たんに現実面でのことではなく、内界の作業でもあるのである。

またそれは、老若男女を問わない。老齢で病床にある人は「死」と近い世界に生きている。この「死」の世界を「異界」と呼ぶならば、まさに老人にとっては「異界」と「現実」の両面を「いかに生きるのか」が重要なテーマとなる。このような観点は、臨床教育学の中核にあるものと筆者は考えている。

小学生も中学生も同じ世界に生きていると言えるほど、あるいは小学生より中学生の方がよりよい世界を生きているなどと言えるほど、現代を「生きる（死ぬ）」ことは甘くない。それは、子どもの現実をめぐるさまざまな問題に目を向ければたちどころに了解できるであろう。このようにみると、「臨床」と「教育」は深い関連をもっていると考えることができる。

さらに、異なる世界へと向かう作業は、これまで生きてきた世界にはもはや生きられないということ、すなわち喪失をも意味する。生きてきたという事実は残る。生きてきたという体験はこころの次元で生き続ける。しかし、現実にはもはやその世界には生きられないという喪失感を人間は体験する。異なる世界へと向かうことと、これまでの世界への喪失感ということ、これら人間存在の作業にかかわること、それが「臨床」なのである。

筆者は教育学者ではないが、以上のような観点からみたとき、「教育」とは、社会の様相をみつめながら、人間が「生きる（死ぬ）」という次元での営みに実践的にかかわり、人間が育つということを、かかわる当人をも含めて体験していく人間の作業であると考えている。これは、「教育」の「育」に力点を置いた考え方である。したがって、「教育」もたんに学校教育のみを意味しているのではない。たとえば、現代では時代性を反映して「生涯教育」の必要性が指摘されたりしている。「教育」は、人間が生きることと切り離すことのできない領域なのである。ただし、本書では、あまりに広範な領域にかかわることはできないので、おもに子どもの教育について論じることにする。

筆者は「臨床」と「教育」を以上のように捉えている。このようにみると、この二つのことばを合わせた「臨床教育学」とは、人間が生きることにかかわる領域であり、後述するように、社会の様相との関連で、人間が「いかに生きるのか」を中心テーマとする学問であると言える。付言しておくが、それは、たんに用語の意味を巧操した机上の空論ではなく、本書で明らかにされるように、筆者の臨床体験をとおしてもたらされた実践的テーマである。それでは次に、筆者が心理療法にたいしてどのような考えをもっているのかを述べることにしたい。

3　心理療法と自然科学

心理療法とはいったい何なのであろうか。おそらくは、生涯にわたって考え続けていかねばならないテーマである。臨床体験を積み重ねるなかで、社会の様相との関連のなかで、筆者の考えも変容していくであろう。前項でも若干ふれたが、ここでは、現時点までの心理療法にたいする筆者の考えの変遷について述べておきたい。

過去二十年あまりにわたって、筆者は数多くのクライエントと心理療法の場で会ってきた。自明のことであるが、クライエントが抱えている悩みや問題は多種多様であり、生きてきた歴史も生きている現状なり時空間体験もそれぞれに異なっている。したがって、筆者は毎回つねに、唯一無二の一個人としてのクライエントに会っているわけである。こうした場では、理論や方法論ではなく、何よりも心理療法家とクライエントが生きた存在として相対しているという体験が重要になる。このような姿勢で、筆者は現在、心理療法の実践に携わっている。過去には、理論や方法論がいかに無力かを味わってきた。誤解を招かないように付言しておくが、理論や方法論が重要でないと言っているのではない。小手先で理論や方法論を扱うことの愚は多くの心理療法家が味わってきたことであるし、それによって何よりも多くのクライエントが辛酸をなめているのではないかと言いたいのである。このような傾向は、現在とみに強まってきているのではないか。この点についてまず考えてみたい。

われわれは自然科学の申し子である。このことは必然的に、われわれがその方法論である二分法でもって現象を把握しようとする傾向をもつことを意味する。「自（主体）」と「他（現象）」を明確に区別して、主体となる人間が客観的に現象を観察し、そこに因果関係を見出すという自然科学の方法論は、それが客観性・普遍性をもつために、人間の営みにはかりしれない恩恵をもたらしてきた。心理療法もこうした影響を大きく受け、そこから多くの理論や方法論が生まれた。そして、理論や方法論を基盤として心理療法は発展してきた。教育についても同じことが言える。こうしたプロセスの背景には、症状や問題行動の原因を探求し、その原因を取り除くことによってそれらが消失するというモデルがあった。それを「治療」なり「矯正」ということばで呼んだのである。

けれども、自然科学が人間の営みに大きな影を落としてきたことも、また事実である。公害や原爆による病いを想起すれば、ただちに了解されよう。このことは、人間の営みと密接にかかわる心理療法の領域にも言えることである。心理療法の場に安易に理論や方法論をもち込むことは、唯一無二の個人であるクライエントに相対しているという体験的事実を軽視することになり、その結果、クライエントにはかりしれない傷を負わすことになる。実践的にはそうである。筆者は、心理療法の理論や方法論は客観的・普遍的なものではありえないと思う。それらが絶対的であると誤解すると、そしてこのこと自体がすでに心理療法家に影を落としているのであるが、そのような誤解は上述したような影をクライエントに落とすことになる。すなわち、心理療法の理論や方法論はその実践において、心理療法家とクライエント双方に多くの影を落とす危険性を孕んでいるのである。

では、われわれは何を基盤にクライエントに相対するのであろうか。筆者は、理論や方法論を否定する気は毛頭ないし、それを全き善であると言う気も、毛頭ない。理論や方法論の是非を論じることが大切なのではない。しばしばそれは不毛な議論となりはしないか。大切なことは、理論や方法論を絶対と誤解してそれらを駆使しようとするわれわれ心理療法家の姿勢をこそ問題にすることであろう。この点を問題にしなければ、そして理論や方法論が多くの影を実践領域に落としてきたことへの気づきがなければ、唯一無二の人間存在にかかわる心理療法は、衰退こそすれ発展はないと考える。

体験から言うと、現代的意味で、クライエントというのは人間の営みの影の世界に、意識的であれ無意識的であれ、敏感な人である。影の世界を生きている人と言ってもよい。科学的方法論に、存在を賭けて反駁している人である。そうしたクライエントの姿勢にたいし、現代の心理療法家は、科学的方法論以外に基盤をもたないために、いたずらにそれに固執する傾向を強めてしまうように思われる。

以前、風景構成法研究のなかで次のように述べたことがあるが、この危惧は筆者のなかにいまなお強い。

筆者は最近、心理療法をめぐる状況が、小手先で人間を操作しようとする影に脅かされているとの危惧を抱いている。近代医学が陥った、細分化された人間の「モノ化」は、さまざまな影を産み、その結果、皮肉なことに、人間の側から多くの問題を提示されることとなった。心理療法はこれと同じ道を歩んではならない（皆藤　一九九四）[5]。

ここで、一九七〇年代より盛んになった「境界例」にかんする議論のなかに、自然科学にたいする反省が含まれているのはきわめて意味深いと思われる。詳細は他書に譲るが[6][7]、そこでも心理療法家の姿勢が問題とされている。また、興味深い事実として、境界例と呼ばれるクライエントの増加が、逆転移の治療的有効性の指摘の増加と軌を一にしていることが挙げられる[8]。逆転移の治療的有効性の指摘とは、つまるところ、自然科学的方法論にたいして、主体を心理療法の場のなかに入れ込んでいくことの必要性を論じたものと言うことができる。そうみると、筆者には、境界例は自然科学を絶対とみなす現代社会や心理療法家へ反省を促しているとも思えるのである。このことと関連して、境界例の議論のなかで、河合が次のように述べているのは傾聴に値する。

近代科学の絶頂とも言えるのが二十世紀とすれば、二十一世紀はおそらく、そのパラダイムの変換が意図されることになりそうである（河合　一九八九）[9]。

フロイトやユングに言及するまでもなく、理論や方法論は、体験を積み重ねる歴史のなかから生まれてくるものである。先賢が見出した理論や方法論を学ぶことはもちろん大切である。けれども、それらを安直に適用するのではなく、先賢の知恵を踏まえたうえで、まずは個々の体験から始めること、クライエントの語りに謙虚かつ真摯に耳を傾けることこそが人間存在にアプローチする基本姿勢ではないだろうか。ごく当たり前のことを述べていると思われるかもしれない。しかし、いくら強調してもしすぎることはない。心理療法家であれば、自然科学が産んだ影がいかに強大かを体験的に知っているであろう。では、この基本姿勢を支える基盤をわれわれはどこに求めればよいのだろうか。

4　心理療法体験と臨床教育学の視座

先述したような基本姿勢で、筆者は心理療法の実践を積み重ねてきた。安易に理論や方法論をもち込まず、心理療法に布置される影にこころの受容器を向けつつクライエントの語りに耳を傾けるという作業を続けてきた。それはまた、心理療法家としての基本姿勢を支える基盤を模索する作業でもあった。そのプロセスで、ここ数年、筆者は多くのクライエントの語りのなかに人間存在に共通する根源的テーマを感じ取るようになった。それは、いかにすれば症状や問題行動が消失・解決へと向かうのか、つまりどうすれば治るのかという問題ではなかった。クライエントの語りは、「症状や問題行動を抱えつつ、いったい私はどのように生きていけばよいのか」というテーマに収斂されていったのである。

このテーマに取り組むプロセスで、症状や問題行動が消失・解決して心理療法が終結することもあった。けれどもそのような場合でも、さらに引き続いて、クライエントが「いかに生きるのか」というテーマに取り組むことが筆者の場合には非常に多い。もちろん、心理療法の実際には、クライエントの年齢なり病態水準、抱える問題の深刻さ、さらには心理療法家としての姿勢など、多くの要因が複雑に絡まり合っているわけであるから、個々に異なるクライエントとの心理療法体験に、概括的な結論を導入してはならない。それは筆者も充分に承知している。また、症状や問題行動で苦しんでいるクライエントがそれらを消失・解決していくことがいかに大変な作業であるかも充分に承知している。けれども、たとえばクライエントが症状のことを語っているときですら、筆者のこころには、その語りの背景に、「私はいかに生きていくのか」というテーマが布置されているのを実感するのである。

「いかに生きるのか」。これは根源的テーマである。それは私を知ることと通底する。すなわち、「私とは何者か」「私が生きる意味」「私の存在意味」と言い換えてもよい。このテーマは、抽象的思想の産物でもなければ、浅薄に語られる類のものでもない。心理療法の体験をとおして筆者にもたらされた人間存在に通底するテーマなのである。クライエントは、みずからが生きる意味・存在する意味を、みずからが生きるプロセスをとおして見出そうとしているように思われる。そしてそこに、心理療法家として筆者もかかわっていこうとしている。

ところで、「いかに生きるのか」は臨床心理学の領域では青年期や中年期のテーマとしてこれまで論じられてきた。しかし、このテーマは人生全般にわたるものでもある。そして筆者は、人生全般にわたるこのテーマに取り組むことが心理療法の中心テーマであり、そこに臨床教育学の視座があるのではないかと考えるようになったのである。たとえば、親からの虐待や同級生からのいじめを受けている子どもたちは、家庭や学校という環境・社会のなかで、毎日が「いかに生きるのか」の連続である。また、突然の震災に見舞われた人たちにとって、このテーマは切実かつ重い。糖尿病による中途失明、急性白血病、HIV感染など、突然に身体を襲われる事態を体験した人にとって、「いかに生きるのか」はまさに人生を賭けたテーマである。さらに、老年を生きる人にとって、このテーマは「いかに死ぬのか」に直結する。

このようにみると、現代においては、すべての人間存在が「いかに生きるのか」というテーマを抱えていると言うことができる。しかもそれは、けっして机上の命題ではなく、現実の生きる営みと直結するものなのである。

また、このテーマにかかわることは、筆者自身がこの現代を「いかに生きるのか」「私とは何者なのか」を問い直すことでもある。そしてまた、われわれすべてが取り組んでいかねばならないテーマでもある。一個人としてのクライエントに相対していながら、そのクライエントが抱えるテーマは筆者自身のテーマでもあり、さらにそれは個人を超えた性質をもっている。哲学をもち出すまでもなく、「いかに生きるのか」は人間存在に普遍のテーマである。

このようにみると、「いかに生きるのか」は安直な価値観や人間観では取り組むことのできない実に厳しく重いテーマであると言うことができる。またそれは、「いかに死ぬのか」と本質的に同じテーマでもある。筆者の力量をはるかに超える。けれどもそれは、いやしくも心理療法家としてクライエントに対峙する以上、筆者自身の生き方をも自問しつつ、考え続けていかねばならないテーマなのである。筆者はクライエントとともに、両者の生きるプロセスをとおしてこのテーマにかかわり続けている。そして現在、このテーマが臨床教育学の視座ではないかと考えている。

本書は、「いかに生きるのか」というテーマを基軸として、このテーマから心理療法と教育について論じたものである。

ところで、学校教育においては、このテーマは「道徳教育」と深く関連する。筆者はかつて、「道徳教育の研究」と題する講義を三年間にわたって行ない、そのなかで、「いかに生きるのか」というテーマについて学生と議論し合ったことがあった。そのときの体験は、筆者自身をして心理療法と教育の接点へと向かわせる大きな契機となった。本書ではふれないが、この体験を踏まえて、「道徳教育」についても今後論じていく予定である。

5　現代の時代性

現代とはどのような時代なのであろう。ここでは、社会の特性を「時代性」と呼ぶことにするが、「いかに生きるのか」というテーマは時代性と深く関連する。このテーマは筆者の臨床体験からもたらされたものであるが、そこに時代性の影響が密接に絡まり合っている。心理療法家は、自分とは異なるまったくの別人であるクライエントと対峙しながらも、同じ時代に生きているという点では、クライエントと共通の存在である。つまりわれわれは、同じ現代社会に生きているのである。したがって、現代の時代性を射程に入れなければ、心理療法も教育も論じることはできない。

現代の時代性とは、端的に言うと、「多様性」ということばに概括されるであろう。これを、「いかに生きるのか」というテーマからみたとき、現代は生き方・価値観の多様性の時代にあると言える。これは、多様な価値観をもって多様に生きることができるという点で、一見して自由なことのように思われる。しかし、そこにはつねに「私とは？」という不可避の問いが内包されている。多くのクライエントがこの問いに直面して、「生きている実感がない」「生きていきにくい」「何のために生きているのかわからない」と語る。心理療法家はこうした語りにいかに向き合っていくのであろうか。筆者は、既成の概念なり方法論を援用して早急に答えを出す前に、このような時代性をもたらした背景についての把握がまず必要であると考える。

先に述べたように、「いかに生きるのか」はわれわれすべてが取り組まねばならないテーマである。現代人の多くが生きにくさを実感する事態に遭遇する。そのときこのテーマがもたらされる。現代の時代性のなかに身を置いていると、このテーマがいかに重要であるかが切実に感じられる。現代における宗教をめぐる様々な問題や教育現場や医療現場が抱える問題を散見しただけでもそのことを痛感する。まさにわれわれはこのテーマの重要性を再認識する必要があるだろう。現代の時代性を生きつつ、共通の時代性を生きる多くのクライエントの語りを聴いていると、本当にそう感じられる。現代は、人間の営みに何が起こっても不思議はない時代であることを強調しておきたい。

ここで、誤解を避けるために述べておきたいのは、このテーマは、「よりよく生きるために」とか「こころの健康のために」などといった市場をにぎわせている謳い文句とはまったく異なるものだということである。このような謳い文句に出会うと、たしかに現代人のテーマは「いかに生きるのか」にあると思わされるが、それはもはや科学的方法論を拠り所にはできないテーマであることを強調しておきたい。必然的に、私という主体がかかわる自律的なテーマだからである。

同じ理由で、それは何らかの宗教に拠り所を求めることもできないテーマである。なぜなら、拠り所を求める姿勢それ自体がすでに他律的であり、私が「いかに生きるのか」という自律的テーマから逸脱しているからである。このテーマは私の生き方を探求するものなのである。ここでの「生き方」ということばを「宗教」と置き換えるならば、それは「～教」ではなく、私の宗教ないしは

「宗教性」の探求であると言えよう。その探求のプロセスに何らかの宗教との接点がもたらされることはあるかもしれない。けれどもそれは、最初から宗教を拠り所にする姿勢とは、断じて違う。「いかに生きるのか」はあくまで自律的・個性的なプロセスなのである。それは、容易に答えが見出されるものではなく、生涯をつうじて探求し続けなければならないテーマなのである。そして、それはまた、現代社会を生きる筆者自身が「私とは何者なのか」を自問し続けることでもある。河合は、R・オットーが「ヌミノースム」と呼んだ、人間の力をはるかに超えた畏怖の感情を起こさせるような体験が、受け取り方によっては日常的に生じることを指摘して次のように述べているが、きわめて意味深い示唆であると思われる。

あくまで個性的に生きてゆくためには、「私」という存在が生ぜしめるヌミノースムの体験に対して、われわれが開かれており、それを通じて得られる、もうひとつの普遍性の追求、すなわち宗教性ということを失ってはならないのではなかろうか。このことは、二一世紀に人間が豊かに生きてゆくための最後の砦のように思われる（河合　一九九〇）[10]〔傍点は筆者〕。

ところで、このテーマは心理療法や教育の領域のみならず、哲学、社会学、歴史学、人類学、民族学、宗教学、医学など、広く人間の生き方にかかわるすべての学問領域の中核に位置している。竹田は、「自分のライフ・スタイルの思い描きそのものが、社会全体のイメージなしには決して成り立たない」と述べているが、[11] まったく同感である。人間は社会との関係なくしては生きられない存在なのである。心理療法も教育も、このような視点をつねに意識していかねばならないし、それは臨床教育学の視座でもあると筆者は考える。

この場合、「社会」という概念をどのように捉えるのかという問題が生じるであろう。たとえば近年の社会学では、「社会」をフィクションすなわち人間によってつくり出されたものとして捉える見方が多くの識者によって共有されている。この問題は、それ自体が哲学、思想史の中核を成すものである。ポスト・モダニズム、構造主義、記号論、ポスト構造主義、ハイデガーの存在論など実に興味深いが、本書ではこれらの領域には必要以上に深く立ち入らない。また、その力量も筆者にはない。ただし、現代思想も含めて近接諸領域との関連はつねに意識していきたい。先述した筆者の考える臨床教育学の視座は幅広い学問領域と接点をもつと言えるし、現代の時代性を視野に入れるとき、このような近接諸学問ともつながりをもつ姿勢が必要であると考えるからである。さらにまた、筆者も現代の時代性を生きる一人だからである。

6　教育現場との接点

筆者は、心理療法の実践の一方で、教育現場の人たちとともに教育にかんして討論する場に積極的に身を置いてきた。校内暴力、不登校、いじめなど、わが国において教育にかんする問題は山積している。そのなかで、「いかに生きるのか」を模索する子どもたちと直接かかわる教師たちの悩みは深い。こうした問題を討論する場では、小手先で理論や方法論を扱っている心理療法家はまったく通用しない。一例を取り上げてみよう。

教師との研修会で、ある教師が次のように語ったことがあったが、そのことばを筆者はいまもって忘れることができない。「これまで多くの臨床心理学者の研修を受けてきたが、教育現場にはまったく何の役にも立たなかった。もし今回（筆者の研修）もそうなら、私は二度と研修など受けないし、受けても無駄だと同僚に言うつもりです」。筆者はこのことばを教育現場からの挑戦状と受け取った。この教師は、子どもを真に理解しようとする情熱と力量をもっており、また人格的にも立派な人であった。筆者は、大げさではなく、心理療法家としての存在を賭けてこの教師を含めた参加者と議論し合ったのを覚えている。議論のなかで、この教師が語ってくれたある生徒の物語は、みずからの眼前で家族が不遇の死を遂げた後に、この生徒がいかに生きていくのかにかかわった歴史であった。そしてその歴史に、臨床心理学の知恵がまったく何の役にも立たなかったのである。筆者は、この教師の強烈な無力感とこころの傷を感じつつ、同時に筆者自身も同じ体験をしていることに気づいていた。もはや理論や方法論の次元ではなかった。参加した教師全員が、生きることの重さを実感した数時間が過ぎた。そして、それぞれに「いかに生きるのか」というテーマを抱えて帰途についたのである。最後にこの教師は、「今回の研修は、これまでとは違いました。こんな臨床心理学もあるのですね」と語った。筆者が何を成し得たかはわからないが、「こんな臨床心理学」と語ったこの教師のことばは、「臨床教育学」と言うことができるのではないかと、現在は考えている。

このような取り組みは、年に数回、十年以上にわたって続けられている。そして、こうした作業を重ねるなかで、筆者には、心理療法と教育の接点に、「いかに生きるのか」というテーマが明確に位置づけられたのである。

現在も続けられているこのような取り組みのなかで、筆者は心理療法家の教育現場へのこれまでの貢献を感じると同時に、理論や方法論が安易に教育現場に適用されるという、いわば副作用がいかに強いかも痛感している。このことは、教師の側だけでなく心理療法家の側にも大いに責任があるのではないかと思われてならない。筆者は、人間にかかわる仕事をするのであれば、理論や方法論を安易に適用しようとするのではなく、みずから自身の生き方を自問しつつ、人間が「いかに生きるのか」を考え続けなければならないと思う。これは、先述した、心理療法家としての筆者の姿勢と同じである。

ところで、一九九五年、文部省が「スクールカウンセラー活用調査研究委託」という新規事業を開始したことによって、心理療法家（臨床心理士）が教育現場という子どもの日常の場に加わることとなった。筆者もその一員としてこの事業に参加し、試行錯誤を重ねてきた。今後、この事業は拡大される様相をみせている。このような現状にあって、心理療法家と教育との接点はますます強くなっていくことが予想される。大変意味深いことであるが、心理療法家の責任もいっそう重くなったと言わねばならない。子どもたちは「いかに生きるのか」という重く深いテーマを抱えて苦しんでいる。心理療法家は、教師とともに、子どもたちが抱えるこのテーマを実践的に考えていかねばならない。スクールカウンセリングが今後どのような展開をみせるのかは未知数であるが、筆者は、これを臨床教育学の実践領域の一つとして位置づけられるような方向を模索していかねばならないと考えている。

第Ⅰ部　現代の時代性

はじめに

人間は、老若男女それぞれに異なる人生模様を体験しており、誰一人として同じ人生を生きてはいない。この世にそれぞれの生を受け、それぞれの齢を重ね、そしてそれぞれに死ぬ。これは、事実である。したがって、人間の生き方・生きる意味は人それぞれであり、だからこそ心理療法家はそれぞれの生き方のプロセスにおけるクライエントの語りに耳を傾けるのである。

けれども、いま一つの事実として言えるのは、人間は社会の様相との関連で人生を体験するということである。人間は個々に異なる存在である。しかし、時代性のなかに生きているという点では共通している。

心理療法も教育も、人間の生き方にかかわる領域であるから、程度の問題はともかくとして、このような時代性の影響を受けることは必然である。すなわち、心理療法も教育も、社会の様相との関連でそのありようが異なってくる。自明のことだが、心理療法家としての体験から言うと、現代の心理療法と教育において、このことは実にしばしば忘れ去られているように思われる。

こころの発達の領域では、おもに思春期の自我同一性確立のプロセスとの関連で、現代社会を生きる人間は、多様な生き方・価値観を許容しなければならなくなってきたことが指摘されている。

筆者もその見解に同意する。しかし、生き方の多様性という現代の時代性が、社会との関連でいかにして生じたのかを見つめることも重要であろう。人間の営みが社会と深い関連をもっているからである。

そこで、第I部では、序説で述べた「いかに生きるのか」という視座から現代の時代性を検討し、この作業を基盤にして、現代人の生き方・価値観の多様性について論じることにする。それは、筆者が考える臨床教育学の基盤となるものでもある。

第1章では、社会の変容プロセスを概括し、現代の時代性について、社会における人間の営みと関連づけて考察する。第2章では、前章と関連させつつ、現代社会すなわち多様性を生きる現代の秩序について考察する。これらを踏まえて、第3章、第4章では現代人の生き方について、第3章では子どもをめぐる現状を、第4章では生きる視点からみた発達観を、それぞれ取り上げる。第5章は、第I部の総括であり第II部への橋渡しである。第1章、第2章はいくぶん哲学的な様相を帯びているが、あくまで「いかに生きるのか」という視座からの臨床体験にもとづいた論述であり、精緻な思弁的論述ではない。

第1章　社会の変容プロセスと現代の時代性

1　神話を生きる社会

●序

近代文明の影響をほとんどまったく受けない社会、あるいは個人の生き方がア・プリオリに規定されている厳しい伝統をもつ社会では、「いかに生きるのか」あるいは「私とは何者か」などという人生のテーマは、それ自体存在しない。そこでは、個人の人生は個人によって主体的に規定されないからである。

「主体」ということばは、哲学や倫理学などの領域で議論されてきた概念であるが、本書では、上述のテーマを規定するものを「主体」と呼ぶことにする。したがって、それは個人の場合もあれば、集団や社会の場合もある。

さて、この社会では個人の人生を規定するのは神話である。世界各地に幾多の神話が存在し続けてきたし、社会の様相にかかわらず今後も存在し続ける。このような神話の伝承性を基盤として、ユング心理学では現代人が生きる知を神話のなかに見出そうとする取り組みが続けられている。ここでは、個々の神話の内容には言及せずに、もっとも基本的なことがらを取り上げる。すなわち、神話の本質と機能について概観し、神話を生きる社会における人間の営みと、現代の時代性との関連を考察することにする。

●神話の本質

ケレーニィが、「神話は本来、〈なぜ〉に答えるものではなく、〈どこから〉に答えるものである」と述べるように(1)、神話は時の始まりの聖なる歴史の物語である。それは、人間ではなく神々と英雄たちの物語である。エリアーデは、「すべての創造は神の仕業であり、……神々はありあまる力、溢れるエネルギーからものを創造する」と述べる(2)。すなわち、神話は絶対的に聖なるもの、絶対的真理を充溢する生命力で創造し、啓示するのである。この聖なる存在示現は「あらゆる人間活動の模範的典型となる」(3)。このように、きわめて簡潔に述べると、神話の本質は「神による始まりの聖なる報告」「充溢する生命力による創造」「絶対的真理すなわち人間活動の模範的典型」にある。

またエリアーデは、神話の主要な機能はすべての祭儀ならびにすべての人間の本質的活動にたいする模範的典型を確立することであると指摘し、「人間が人間存在として充分な責任を以て振舞うには、神々の模範的所業を模倣し、彼らの行為を反復する」ことであると述べている(4)。このプロセスのなかに神話のもつ二重の機能、すなわち暴力性と創造性をみることはきわめて重要である。この点については、本章ではイニシエーション儀礼をめぐる考察のなかで若干ふれるに留め、第2章で再度取り上げることとする。

さてこのようにみると、神話は人間がけっして知ることのできない「始まり」を語るがゆえに神聖でありかつ充溢する生命力をもっており、人間はそれを伝承し模範的典型として活動することで人間として生きると言うことができる。まさに人間の営みは神話によって規定されているのである。

現代ではどうであろうか。現代は神話なき時代とよく言われる。ここで大切なことは、神話自体が存在しないのではなく、神話のもつ本質が人間の営みに反映されていないということである。筆者はそう考える。現代人の営みには絶対的真理などありはしないし、また人間活動の模範的典型は、充溢する生命力をもった創造的なものとしてはもはや機能していない。生き方を規定する主体が神話ではなく個としての人間になったからである。この点については後に論じることになるが、現代では、多くのクライエントが、「私とは何者なのか」「私はいかに生きるのか」「私が生きる意味は」といった問いへの答えを探求し続けている。そのとき、何らかの生きる模範をクライエントに提示してみても、ほとんどの場合、それは何の意味も説得力ももたない。およそ、心理療法家であるわれわれですら、このような問いに答えることはできないのではないだろうか。現代を生きるわれわれは、このような問いに、個々の存在を賭けてどのように答えていけばよいのだろうか。

すでに一九五七年、エリアーデは、「いまわれわれがもっとも関心をよせていることは、かつて伝統的社会において神話が占めていた中心的位置に立つものは、現代社会においては何であるかを見出すことである」との問いを立てている[5]。この答えは、自然科学が強大な力をもつ現代においても、いまだ見出されていないように筆者には思われる。これらについて考察する前に、いま少し神話を生きる社会の人間の営みについて概観することにしたい。

●イニシエーション儀礼

古代人のイニシエーション儀礼を詳細に検討したエリアーデは、「古代的思惟にとっては、人はつくられるものであって、自己形成するものではな」く、人間をつくる主体は「精神的師匠」つまり「超自然的存在者の代行者であるにすぎない」と指摘する。すなわち古代人は、超自然的存在者の世界である神話の伝承によって、「世界と人類の聖なる歴史を教えられ」、その神話・世界観を生きるのである[6]。

エリアーデはイニシエーション儀礼を大きく三つの型に分類する。すなわち、部族加入礼、秘儀集団加入礼、シャーマン加入礼であるが、それらはいずれも、ある段階の人間がある集団へ加入する際の儀礼と言ってよい。けれどもそれは、たんなる通過儀礼でも近代的意味での宗教生活でもなく、人間の営みすべてを含む行為であって、それをとおして人間は神話を生きる存在となり、生まれてきた文化のなかで生きる存在になるのである[7]。したがってそこでは、人間の営みが神話・世界観によって規定されていると言える。生き方の答えはすべて神話のなかにあるのである。ユングは次のように述べている。

神話は「神」ではなくて、神性なる生命が人に啓示されたものである……神話をわれわれがつくり出すのではなくて、むしろ、神話がわれわれに神の言葉として語りかけるのである（ユング 一九六一）[8]。

ところで、イニシエーション儀礼は、深層心理学によって幼児期初期の元型から自我が分離するための象徴的な方法として理解され、青年期の課題として多く取り上げられている。この儀礼の歴史的資料からみても筆者もそれに異論はない。しかし、上述のエリアーデの指摘にあるように、この儀礼を青年期に限定せずに人間の営み全般にわたるものとして捉えた議論があってもよいのではないかと思われる。とくに現代人の生き方を考えるときに、こうした捉え直しは必要であると筆者は考える。この意味で、ヘンダーソンの次の指摘は現代において示唆的である。

もちろん、この導入の出来事（イニシエーション）は青年の心理学に限定されるものではない。個人の人生を通じて、どの新しい発展段階においても、自己の要請と自我の要請とのあいだの原初的葛藤は繰り返されるのである。事実、この葛藤は、人生のどの時代よりも、成人初期から中年への過渡期……に最も強く表われるであろう。そして、中年から老年期への移行は、自我と心全体とのあいだの差異を確認する必要性をふたたび生み出すのである（ヘンダーソン 一九六四）[9]（（ ）内は筆者）。

さて、エリアーデは、古代社会人にとって歴史が「閉ざされているもの」という見方は外見上のことであって、「完全に閉ざされた未開社会などは存在しない」と指摘する。[10] すなわち、古代においても歴史は開かれているのであり、何らかの時代的影響を受け、それが伝承されているのである。しかし、その伝承の仕方は近代社会とはまったく異なっている。エリアーデによれば、それは超人間的起源をもつもの、つまり、神話的始源のものとして受け取られてきたのである。

伝承社会は歴史に対して「開かれている」とはいっても、すべて新しく取り入れたものを原初の時代に投影し、すべてのできごとを神話的始源と同じ、かりそめならざる領界へとはめ込む傾向を持っている、といい得よう（エリアーデ　一九五八）。[11]

このエリアーデの指摘は、真に興味深い。なぜなら、神話のもつ本質が現代人の営みに反映されていないと前項で述べたことの意味を、この指摘が示唆していると考えられるからである。すでに指摘したように、神話のもつ本質の一つは、人間の営みを「始まり」の領界へとはめ込むことにある。神話は「始まり」の謎を語る。そして、「いかに生きるのか」という現代人のテーマは、生きる意味の探求であり、「私とは何者なのか」との問いに通底する。この問いへの答えは、私の「始まり」を探求する道であると言えるのではないだろうか。

神話を生きる社会では、「始まり」はすでに集合的にあり、個々で違わない。しかし、現代においては、「始まり」は個々で異なっている。現代の時代性を「生き方の多様性」などと言うが、それは個々が自身の「始まり」を探求することでもあると筆者は考える。さらに現代では、自身の「終わり」を模索することでもある。このようにみると、このテーマがいかに根源的なものであるかがわかる。進化論を援用して私の始まりを決定しても、「私が生きる」という次元では、その決定は何の力ももたない。このことについては、本章後半にふたたび取り上げることにする。

●進歩と創造性

すでによく指摘されていることだが、古代におけるイニシエーション儀礼がもつ意義は、近代において消滅した。エリアーデも、「近代世界の特色の一つは、深い意義を持つイニシエーション儀礼が消滅し去ったことだ」と述べている。[12] 河合は、エリアーデが指摘したイニシエーション儀礼の三つの型のうち、少年から成人への移行すなわち部族加入礼を引用しながら、その理由として近代人が「進歩」という概念をもったことを挙げている。[13] すなわち、ある社会において子どもが大人になったとしても、社会が進歩するので、いったん大人になっても生涯にわたって大人とはみなされなくなるわけである。そして河合は、「近代社会になって、制度としてのイニシエーション儀式は消滅してしまった」と述べ、現代において子どもが大人になっていくためには、個人としてのイニシエーション儀礼を繰り返すことが必要であると指摘している。[14]

河合のこの指摘は、古代において人間の生を規定する主体が個人ではなく神話であったのにたいし、近代以降では、人間の生は個人によって規定されるようになったことを指摘しているという点で、非常に意義深いと思われる。主体としての人間の誕生と言えるだろう。現代を生きるわれわれも、それぞれの生き方を社会との関連のなかでみずから模索していかねばならない。

けれども、何をもって社会の「進歩」というのだろうか。たしかに中世以来、人間は進歩という概念を必要としてきた。しかし、この概念のもつ肯定的含意は人間が付与してきたものにすぎないのである。

このことと関連して、ヨーロッパ近代文明の影響のあまり及ばない地域を旅したユングの体験は深い示唆を与えてくれる。旅のなかでユングは、ヨーロッパ人よりもはるかに生に密着した情熱的で衝動的な本性をもつ北アフリカの人びとの営みにふれながら、ヨーロッパ人の「進歩」について思索し、「われわれに欠けているのは生命の強烈さなのだ(15)」と実感する。そうして、ヨーロッパ人の合理的精神の進歩に意識的に優越を感じる一方で、それは強烈な生命力を犠牲にして、つまり抑圧して得られたものであると述懐している。ユングは、この強烈な生命力に圧倒される危険を感じながらも、みずからの夢をとおして、そうして抑圧された強烈な「無意識の影響になされるままに屈服するのでなくて、むしろ逆に、みずから進んで無意識作用に立ち向かい、影《シャドウ》と同一化しようとするなにものかが、われわれのなかにはある」ことを見出したのである(16)。

この強烈な生命力は、神話の本質の一つである充溢する生命力につうじるものであろう。充溢する生命力は創造性と表裏一体である暴力性・破壊性をもっているが、ユングを圧倒した強烈な生命力もこのようなものだったと思われる。しかし、ユングは回帰への必要性を実感したのではない。このような強烈な生命力に直面し、そこからヨーロッパ文化という社会を生きるユング自身が新たな創造性を産み出していくことの自身にとっての必要性・可能性を見出したのだと筆者には思われる。

進歩は人間から強烈な生命力を奪い去ったというユングの指摘は、上述の意味において現代にも妥当すると思われる。現代人は、生きにくさや生きている実感の乏しさを抱えている。ここには、強烈な生命力の体験をみることはできない。強調しておくが、筆者は、単純に充溢する生命力の回復が必要だと考えているのではない。現代人は、いかに神話のなかに生きる知を見出したとしても、もはや神話そのものを生きることはできないのである。筆者が主張したいのは、現代を生きる個々が、現代という時代とのかかわりのなかで、みずからが、新たな生命力すなわち現代を生きる創造性を探求していく必要があるのではないかということである。この意味で、「いかに生きるのか」は創造性の探求と言うことができる。これに関連して、河合が「われわれの人生そのものが、ひとつの創造過程である」と述べているのは[17]、きわめて意味深いと思われる。

このようにみると、進歩という概念が加速度的に肯定的含意を増す現代にあって、ユングの指摘は、そのリフレクションつまり「生きることの意味」を模索することの深刻さ・困難さを示唆していると考えられる。河合は近代人の特徴としてこの概念を用いているが、進歩という概念が集合的に肯定的含意をもつ、したがってそれが新たな生命力や創造性と安直に錯覚される危険性の強い現代においては、社会の「進歩」というよりもむしろ社会の「変容」と表現する方が適切ではないかと思われる。これはたんなることばの言い換えではない。現代社会はもはや進歩という直線的・分割的概念のみで捉えきれるものではない。筆者は、変容という概念を非線形的な「ゆらぎ」のイメージでもって捉えているが、現代社会の特徴に、このような変容のイメージを加味することで、「いかに生きるのか」というテーマへの取り組みが始まるのではないかと考えている。この点は、第2章でも若干ふれる。

さて、進歩という概念に肯定的な意味が付与されると、進歩的なものを是としそれ以外のものを非として排除しようとする傾向が生まれる。そうして人間は社会を築いてきたわけである。端的に述べれば、それが近代社会の歴史であった。それは必要なことであったかもしれない。しかし、ここでふたたび強調しておきたいのは、肯定的な意味を付与してきたのは人間である、ということである。事態そのものには肯定も否定もない。にもかかわらず、事態を肯定的とみなし、それを進歩という概念のなかに位置づけてきたのは、人間なのである。

たしかに、近代社会において制度としてのイニシエーション儀礼は消滅した。進歩という概念によって歴史が開かれたからである。けれども、進歩は充溢する生命力をも犠牲にしてきた。このことは、進歩を過信してきたことへの反省を促してはいないだろうか。多様な生き方が許容される現代にあって、われわれはイニシエーション儀礼が消滅したという事実を真摯に受けとめ、「いかに生きるのか」というテーマを抱えた旅へと向かうこと、すなわち現代にとっての創造性の探求へと向かうことが必要であると筆者は考える。この意味で、筆者は、イニシエーション儀礼の消滅を「いかに生きるのか」というテーマの誕生を意味すると考える。それは、先のヘンダーソンの指摘にもあるように、たんに青年期のテーマのみならず、現代を生きるわれわれすべてにとってのテーマでもある。

イニシエーション儀礼の消滅は、人間の営みを規定する主体を、神話から人間の側へと転換させることになった。そして人間は、神話を生きる社会の充溢する生命力を抑圧し、合理化・近代化へと向かったのである。このプロセスに大きな影響を及ぼしたのが自然科学である。

以上、神話を生きる社会について現代の時代性との関連で論じてきたが、「神話を生きる」とは、宗教が神話の再現であるという意味において、「宗教を生きる」と同義と言えるだろう。すでに強調してきたように筆者は、現代において「いかに生きるのか」「生きる意味」「私とは何者なのか」といった問いは、それがいかに苦しく孤独であろうとも、まず自分自身へと向けられるものであり、みずからの探求のなかから答えを見出していかねばならないものであると考える。そのプロセスにさまざまな宗教と出会うこともあるだろう。しかし、そこにおいても自身との対話を絶やしてはならない。なぜなら、その答えは自身の体験をつうじて得られる「私の知」であるはずであり、対話を絶やしたとき、みずからの体験も消滅してしまうからである。自身の宗教との対話を生涯にわたって生き抜いたユングは、宗教について次のように表現しているが、このことばは現代を生きるわれわれにもきわめて意味深い示唆を含んでいると思われる。

（宗教とは）、もろもろの霊、デーモン、神、法、観念、理想、その他人間が自分の世界で力強く、危険で、あるいは慈悲深いものとして経験してきた要因をどのように名づけようとも、「もろもろの力」としてみなされるある種の力動的な要因を注意深く考慮して観察することによって、それらに心のこもった配慮を与え、充分に偉大で美しく意味深いものとして敬虔に崇拝することです（ユング一九三八）[18]〔（　）内は筆者〕。

2　自然科学を生きる社会

●二分法

自然科学は、「自（主体）」と「他（現象）」を明確に区別して、主体となる人間が現象を客観的に観察し、そこから因果関係を見出していくという方法論をもって発展してきた。これは、自（主体）と他（現象）を相互に独立したものとしてみる二分法という方法論である。この方法論は、主体となる人間が現象に入り込まないという点で、客観性・普遍性をもっている。そして、人間はこの二分法でもって営みを展開させ、世界を構築してきた。その傾向はきわめて強大であり、人間は、あたかもこの方法論が絶対であるかのような錯覚を抱くことになった。たとえば、この傾向が弱い社会を、まさに二分法の思考で、前近代的とか非文化的などとみなすようになったのである。では、このように強大な自然科学は人間の現実の営みにどのような影響を及ぼしてきたのだろうか。

「自然科学」という呼称は言い得て妙である。対象としての「自然」が存在することが自然科学の前提条件であることを明確に表現しているからである。「自然」とは、人間の手が加わっていない状態を言うのだが、「自然」という呼称自体、人間の手になるものである。人間もかつては「人間」と呼称されることなく、それがそれそのものとしてある世界にいた。この世界については第6章で述べることになるが、そこに手を加えようとしたとき、自然科学が生まれたと言えるだろう。それは二分法を方法論としていた。これによって、あらゆる自然が二分され、ことばによる命名を受けた。「始まりと終わり」「天と地」「昼と夜」「光と闇」など、数え上げればきりがない。そして人間は、ことばを付与することによって生まれたこれらの概念を営みのなかに取り入れていった。この取り入れは、人間の意識の確立プロセスであった。

そもそも、人間の意識は分割することによって成立する。本能欲求から理性の獲得への、ないしは本能欲求の抑圧のプロセスと言ってもよい。イニシエーション儀礼の消滅によって、人間は営みの基盤としての神話を失った。代わりに人間は、自然科学的方法論である二分法を営みの基盤としたのである。自然科学を新たな「神」とする科学神話の誕生である。人間はこれを基盤として合理化・理性化へと向かった。それは、ことばを付与することによって概念や意味を生み出す営みであった。「神は死んだ」と語るニーチェは、人間について次のように述べている。

まことに、人間たちこそが、その善と悪とのすべてを、みずからに与えたのだ。まことに、彼らはそれを受け取ったのでも、それを見いだしたのでもなく、それが天からの声として彼らに落ちてきたのでもないのだ。

まずもって人間が、自己を保存するために、諸事物のなかへもろもろの価値を置き入れたのだ、――まずもって人間が、諸事物の意味を創造したのだ、或る人間的な意味を！（ニーチェ　一八九九）[19]。

人間は、みずからの営みを乱すものを非として抑圧・排除し、平穏にするものを是として受け入れ、社会を構築していった。主体となった人間による秩序の構築プロセスと言えるだろう。

このプロセスによって、必然的に善悪の区別が生まれ、人間は、悪を抑圧することによって理性化し、社会の秩序を築いてきたのである。この力がいかに強大であったかは、いまさら強調するまでもないであろう。人間は、社会の秩序に則ることに肯定的意味を付与し、秩序を乱すことに否定的意味を付与し、前者を善と呼び後者を悪と呼んだ。そして、こうした意味が人間の特性なり存在様態に付与されたとき、道徳・倫理が生まれた。覚えておかねばならないことは、意味を付与したのは神ではなく人間である、ということである。そして、否定的意味を付与された人間は、次章に述べるように排除されるか、もしくは矯正や治療という行為のもとに置かれた。それは、否定的意味を付与された人間を、否定的意味を付与されない、ないしは肯定的意味を付与される存在へと変化せしめる人間の行為であった。

心理療法も人間の技である以上は、これを逃れることはできなかった。すなわち、科学という名のもとに、病いから健康へのプロセスが試みられたのである。教育も同様である。道徳・倫理のもとに、否定的意味を付与された人間の行動を矯正することが行なわれた。それがいわゆる社会化である。

このプロセスの歴史においては、巨視的にみれば戦争、人種・民族差別など幾多の悲劇が繰り返されてきたし、いまなお悲劇は世界の各地で起こっている。微視的にみれば、そこには、「人間かく生きるべし」ということばに表わされるように、生きるうえでの道徳的・倫理的規範の強化という事態があった。

●主体の逆転

二分法は、現象を理解するうえで客観性・普遍性をもっているために急激に人間の営みに侵入してきた。二分法も人間が産み出した思考法であるから、主客は逆で、人間の営みが二分法を取り入れてきたというべきかもしれない。けれども、二分法による抑圧は人間の営みにとってあまりにも強大で、そこから産み出された道徳的・倫理的規範は人間を規制するという事態を生ぜしめたと筆者には思われる。すなわち、社会がさながら善悪を区別し悪を抑圧するといった様相を呈してきたのである。現代において、こうした様相は頂点に達した観がある。

そこでは、「いかに生きるのか」を探求するのは個人ではない。道徳的・倫理的規範がそれを教えるのである。もちろん、イニシエーション儀礼が消滅して生き方を規定する主体が人間になったわけであるから、道徳的・倫理的規範と個人との間に葛藤が生まれることは言うまでもない。しかし、道徳的・倫理的規範は強い威力をもってその葛藤を抑圧してきたのである。この規範は「生き方の思想」とでも呼べるであろう。しかし、そこには個人が創造力をもって生きているという実感はあったであろうか。

たとえば、戦前のわが国における強力な家族制度は、家督の世襲と家族の富を維持することが最大の目的とされ、そのように生きることが善とされた。多くの識者が指摘するように、そこでは個人が主体的に生きることは、とくに女性の場合はきわめて困難であった。この秩序が過ぎ去った昔のことだと等閑視することはできない。なぜなら、神話と同様に、この秩序は人間の営みに受け継がれていくものだからである。周知のように、河合がこの秩序を西洋の倫理と比較して「場の倫理」[20]「母性社会」と呼び、わが国における人間の営みの特徴を指摘したのは、一九七五年のことである。また、現代においても、個人が主体的に生きる在り方にはいまだに幾多の困難がともなうことを多くのクライエントの語りから聴く。すなわち、現代のわれわれは、いまだこの秩序の影響を受けているのである。

このようにみると、二分法は、個人が「いかに生きるのか」「生きる意味」を時代性との関連で探求するプロセスに生まれる葛藤を強力に抑圧してきたと言える。それは、生きる営みの中心を個人の側から自然科学の側へと譲り渡す事態であったと筆者は考える。まさに、主体の逆転と言うことができるだろう。

かつて、人間の生き方の模範的典型は神話によって語られていた。自然科学を生きる社会では、個人が主体となり個々が生き方を探求する道が開かれた。しかし、その結果は、皮肉なことに生き方の規範を自然科学に求めることになったのである。まさしく「自然科学神話」の誕生と言える。

ここで、日本文化の特徴である「場の倫理」「母性社会」という観点から、日本文化を生きる人間のこころについて考察したり、比較文化を行なうことは興味深いが、要点はすでに河合が押さえている。[21] そこでここでは、きわめて概括的に次のように述べるに留めたい。わが国においては、戦前の社会は生き方の規範を神話に求めてきた。しかし、求め方はきわめて恣意的で、軍国主義は天皇を「神」とみなし、「神国日本」は戦争の悲劇を引き起こした。しかし、戦後になって自然科学の隆盛とともに、社会は個人の生き方や社会との関連における個人の葛藤を二分法によって抑圧し、生き方の規範を「場の倫理」に求めてきたのである。

では、現代ではどうであろうか。先に筆者は、このような主体の逆転が現代では頂点に達した観があると述べた。このような社会の構造について、とくに教育との関連で論じることは非常に重要なことと思われるので、この点については第2章、第3章で詳しく取り上げることにしたい。

さて、これまで論じてきた二分法による世界の構築の歴史について、物理学の立場からはプリゴジンとスタンジェールが詳細にまとめている。[22] そして、その限界について次のように述べている。

科学は自然との成功した対話に始まった。ところが、この対話から最初に得られたものは、沈黙する自然の発見であった。これこそ古典科学の矛盾である。人間に対して、自然は、一度プログラムされると、そこに書き込まれた規則に従って動き続けるオートマシンのように振舞う、受動的で死んだ姿を現した。この意味では、自然との対話は、人間を自然に近づけるのではなく、自然から遠ざけてしまった。人間の理性の勝利が一転して悲しい現実となった。科学は、それが触れたあらゆるものの品位を下落させたように思われる。(プリコジンとスタンジェール　一九八四[23])。

この指摘は、現代人が「いかに生きるのか」というテーマに取り組むとき、意味深い示唆を含んでいると思われる。また、この視座からプリゴジンとスタンジェールは、「人間と自然とに関するわれわれの知識は、分裂や対立どころか、統一へ向かっていることを」示そうと試みている[24]。

3　多様性を生きる社会

●主体の復権

前項にも一例を述べたように、近年になって自然科学への反省と見直しが多くの学問領域で指摘されている。これまで述べてきたように、自然科学の隆盛とともに、人間は道徳的・倫理的規範をつくり出してきたのであるが、その規範の主体が人間ではなく社会になり、社会が生き方を規定するという主体の逆転を産んだのである。つまり、「いかに生きるのか」という個人の問いが、「かく生きるべし」という社会の要請に取って代わったと言うことができる。こうした事態にたいする批判の一つに、序説に述べたように、心理療法の領域における「境界例」の議論がある。また、近代思想から現代思想への流れもその一つではないだろうか。

西は、ポスト・モダニズムを、社会認識という客観的真理と社会に貢献して生きるのが正しいという生き方の真理つまり道徳にたいする批判であると指摘し、この思想のテーマが、真理・理想・道徳といった人間がつくり出した生き方の規範を否定し、より自由でエロス的な生を求めようとすることにあると述べている。[25] 筆者は、このような道徳的・倫理的価値観にたいする批判は、その価値観が、新たな生命力・創造力をもっていないと実感した人間の体験からもたらされたのではないかと考える。竹田は、デリダを論じるなかで、「言葉はもはや、特定の人間の特定の感情の再現(=現前)であることをやめて、誰もが発し得る一般的な言語記号の配列としてしか存在し得ない」と述べている。[26] このことは、素朴に言って、現代人は道徳的・倫理的価値観では生きているという実感を相対的にしか体験し得ないということを意味しているように思われる。西は、「あらかじめ〈真なるもの〉や〈客観的事実〉があるわけではない。真理を得たという確信をひとは抱くだけなのだ」と述べ、その「確信」が生きている実感であると指摘するが、[27] 筆者もまったく同感である。

人間は、社会の秩序を築くために現象を区別し、そこに善・悪の意味を付与してきたのである。その意味が絶対であるとすると、社会が主体として善・悪を規定することになり、主体的人間は消滅し、生きている実感が失われる。

このようにみると、現代人が生きる意味を模索するプロセスには、生きている実感の体験つまり主体の復権があると言うことができる。ただしこの場合、自由でエロス的な生を求めることは、途方もない困難をともなうことを、心理療法家として言っておかねばならない。神話や道徳的・倫理的規範をいかに批判し否定しようとも、それらが受け継がれていく特質をもっている以上、われわれはそこから完全に逃れることはできないのである。「いかに生きるのか」という現代人のテーマは、そのような批判や否定によって達成されるものではなく、それらとの相剋のなかで格闘することによって答えを見出していかねばならないものなのである。そのプロセスこそが「いかに生きるのか」にたいする答えでもある。答えはみずからのなかにある。心理療法家として、筆者はそう考える。

また、序説に述べたように社会学の領域では、近年、「社会」をフィクションとして捉える見方が多くの識者によって共有されている。「フィクション」（fiction）という英語は「虚構」と訳されることが多いが、「つくりごと」の意もあり、語源のラテン語（fingere）は、「形づくる」を意味する。つまり、社会をフィクションとしてみるということは、それが人間によってつくり出されたものとして捉えることを意味する。この見方も、自然科学への反省と見直しから生まれたものだと思われる。社会が道徳的・倫理的価値観を模範として人間の営みに求めるならば、社会そのものをつくりものすなわちフィクションとして見ることで、現象への新たなアプローチを試み、そこから人間の営みを考察することができる。さらに磯部は、記号によってつくられるいっさいのものをフィクションと呼んで、フィクションと社会制度について論じている。(28)

しかしここで、およそ人間がつくり出したすべてのものをフィクションと呼ぶのなら、そうでないものはないのか、あるとすればどこにあるのかという素朴な疑問が生じる。この点について松田は、民族を論じるなかで、現実のなかで生きる営みのなかに、「民族という存在は、確固としたリアリティをもって実在し」、「それは単なる記号でも、文化的発明物でもない。現実に人を差別し、ときには殺人まで犯す力を秘めた具体的な存在」であると指摘する。(29)この指摘を拡大解釈して、人間の営みのなかに生きている実感があると考えれば、社会が生命力の乏しい道徳的・倫理的模範を人間に求める傾向を強めるとき、社会はフィクションとして姿を顕わし、人間は生きる営みのなかに生きている実感を見出していく傾向を強めると言うことができるであろう。ここにおいても、主体の復権をみることができる。

こうしたことは、社会が、二分法によってもたらされた道徳的・倫理的規範を人間の営みに求めても、人間は生きているという実感を体験することができなくなったことを意味する。すなわち、「いかに生きるのか」は、まさしくその主体であるわれわれのテーマになったのである。

現代では、多くの人たちが「いかに生きるのか」「いかに死ぬのか」に苦しんでいる。繰り返し強調するが、その答えは個々がみずから探求しなければならないのである。それは、生やさしい道ではなく、孤独に満ちた苦悩の道である。なぜならそれは、自身のなかに抱え続けていかねばならないテーマだからである。また、このテーマに取り組むことは、現代人にとって現代という時代を生きる責任のようにすら思われる。

このような主体の復権は、二分法による抑圧の力が弱くなったことを意味する。

●多様性

主体の復権によって、既成の道徳的・倫理的価値観や真理は絶対ではなくなった。このことは、人間が営みの基盤となるものを失ったことを意味する。平易に言えば、何が善くて何が悪いのかということすら明確ではなくなったのである。価値観の多様化とも言えるだろう。このような現代にあって、「いかに生きるのか」は、まさに今日的テーマであろう。

現代では、これまで否定的な意味を付与されてきた事態も一つの生き方の選択として許容されるようになってきた。たとえば、同性愛がそうであろう。心理療法の領域では、同性愛者が同性愛を生きることのみずからにとっての意味を現代社会との関連で探求する。そのプロセスでおのずと異性愛へ移行するクライエントはあったにしても、同性愛から異性愛への移行を心理療法家は直接の目標にはしない。少なくとも筆者はそうである。

また、一九五〇年代より教育現場で大きなテーマとなっている不登校もそうであろう。それ以前には、登校しないなどということはよほどのことがないかぎり許されなかった。ここで、誤解を招かないように述べておきたいのは、子どもにとって不登校が一つの生き方として選択・決定されるようになったということであり、けっして現場の教師がそれを選択・決定するのではない、ということである。教師は、不登校も一つの生き方であると安直に納得してはならない。このような点については、第3章で論じることにする。

ここで、現代人の営みについて、境界例論議のなかで、成田が次のように述べているのは興味深い。

　よくいわれますけど、社会全体に、抑圧ということがもうそれほどはやらなくなったですね。即時的な欲求満足が結構できるということと、人間関係が、ふつうのノーマルな人でもというか、ノーマルな人ほどというか、巧みに分節化していますね。ある世界では大変まじめにしていても、また別の世界へ行けば、ぜんぜん違った自分の側面を見せて、そこにはそこの世界があって、そちらとこちらはおたがいに友人も全然知らない。そのことがむしろ当然とされるわけですね（成田　一九九一）[30]。

これは、現代人の、とくに若者の営みの多様性の一端をみごとに指摘している。けれども、このような多様性は、一方では、「私とは何者なのか」という問いを必然的に内包している。つまり、「いかに生きるのか」にたいして、「多様に生きる」という答えは、答えになっていない。そこには、生き方の根底にあるべき、一貫した「私とは何者なのか」という問いへの答えがないのである。

最近、ある大学の講義で、四百人近い学生に、「これまで、自分が生きる意味や価値があるだろうかと悩んだことはありますか」と問うてみたところ、実に八割近い学生が手を挙げた。多様性を許容して生きてはいても、やはり若者は根底において悩んでいると筆者は思う。昨今の「生き方」にかかわる書物や講座の盛況ぶりも、現代人が根底において「いかに生きるのか」「いかに死ぬのか」というテーマを抱えていることを示唆しているように思われる。

また鑪は、青年期における同一性危機について、「日本のような価値多様な社会の中で、思春期・青年期にあるものは〝自分の〟生き方を選ばされる事態に直面」し、社会的役割取得の試みや思想的冒険を経て、「最終的に社会的な自立性を意味する職業の選択、決定がなされる」と述べている。[31]この最終的決定までの時期を、エリクソンが「モラトリアム」と呼んだのは周知のことである。たしかに、現代の若者は「自分の生き方」の選択に直面している。このことは筆者も強調してきた。けれども、たとえ職業の選択がなされたとしても、「いかに生きるのか」の問いが終わるわけではない。いわゆるフリーターと呼ばれる一定の職業を選択しない者も増えている。さらに、イニシエーション儀礼の消滅と関連させて先に論じたように、この問いは人生全般にわたるものであると筆者は考える。したがって、こうした指摘はもはや現代においては通用しないように思われる。

「私とは何者なのか」という場合の「私」というのは、自然科学を生きる社会が提示してきた「私」でもなければ、意識の中枢機能である「自我」(Ich) でもない。それは、多様性の現代を生きるわれわれが「いかに生きるのか」のテーマに取り組みながら創造していく「何か」であると筆者は考えている。すなわち、「私とは何者なのか」にたいする答えは、みずからが生きるプロセスのなかから創造されるものではないだろうか。

このようにみると、「生き方の多様性」ということばは、生き方の基盤を喪失した現代の時代性を逆に照射して見せただけであると言える。

ユングが、人生後半における生きる意味の探求を論じるなかで、「自己実現」(Self-realization) という考え方を提示したことはすでによく知られているが、現代においては、「自己実現」はけっして人生後半の課題ではなく、人生全般の課題と言えるだろう。

●コスモロジー

「いかに生きるのか」というテーマにたいし、その基盤であった道徳的・倫理的規範を失った現代人は、何を基盤としてこのテーマに取り組むのであろうか。筆者は、基盤は取り組みそのもののなかにある、つまり生きる営みのなかにあると考える。このテーマは、個人が、これまでの自身の人生すべてを基盤として、存在そのものを賭けて取り組まねばならないものなのである。

このことと関連して、河合がライフサイクルを論じるなかで、ユングの提示した「自己実現」を取り上げながら、コスモロジーの観点を導入していることは、真に意味深い。河合はコスモロジーについて次のように述べている。

コスモロジーとは、この世に存在するすべてのものを、自分もそこに入れこむことによって、ひとつの全体性をもったイメージへとつくりあげることである。世界を自分から切り離して対象化するのではなく、自分という存在との濃密な関係づけのなかで、全体性を把握しなくてはならないのである（河合　一九八三）[32]。

そして河合は、「自己実現」にとっては、悪や死といったこれまで否定的意味が付与されてきたものをも入れ込んだコスモロジーが必要になると指摘する。

この指摘は、「いかに生きるのか」という現代人のテーマを考えるとき、まさに慧眼と思われる。すなわちこの指摘は、個々それぞれが悪や死といったこれまで否定的意味が付与されてきた事態を、自身が生きる営みの俎上に置いて、自身にとっての意味を自身の営みのなかに再構成しなければならないことを意味している。

「いかに生きるのか」というテーマを抱えることは、まさにこのような取り組みを意味するのであって、自身の存在を賭けて、そしておそらくは生涯をつうじて行なわなければならないことである。

「いかに生きるのか」は、実に厳しく実に重い、現代を生きるわれわれにとってのテーマである。河合は次のように述べる。

自分、つまり「私」というのは実に多様であり、矛盾に満ちている。そのコスモロジーのなかに、いわゆる科学もいわゆる宗教も含まれるであろう。しかし、そこに、万人に通用するモデルを見出すことは不可能であろう。……そのようなものは存在しない。ただ、その人にとって、そのときに、正しいと思われるモデルは見出されるであろうし、そのためにわれわれは努力しなくてはならない（河合　一九九〇）(33)。

●決断の力

先に筆者は、神話のもつ本質の一つは、人間の営みを「始まり」の領界へとはめ込むことにあると述べ、そこから、現代における「生き方の多様性」は、個々が自身の「始まり」を探求することをも意味すると論じた。この点について、ふたたび取り上げてみたい。

河合をはじめとして多くの識者が指摘するように、自然科学は「私とは何者なのか」「私が生きる意味」「いかに生きるのか」にたいする答えを与えてはくれない(34)。先述したように、進化論を援用して私の始まりを決定しても、「私が生きる」という次元では、その決定は何の力ももたないのである。

自然科学が強大な力をもつ現代においても「始まり」は謎である。養老は、起源論の問題を論じるなかで、ほとんどの人間がことばの世界に生きているために、人間は、それがどこから始まったかを切ることができるという常識をもったと指摘している。[35] この指摘は、現代においても人間は「始まり」を知ることができないことを意味している。なぜなら、小林も述べるように、「始まり」という概念は機能的・操作的概念であって、それを決定するのは人間だからである。小林は次のように述べている。

始まりは存在しているものとしてあるのではない。始まりは存在のカテゴリーには属さず、文化の厚みを通じて決定された区切りとして、つまり文化的な生産物としてある（小林　一九九四）。[36]

現代を生きるわれわれも、意識しているかどうかはともかく文化を生産している。「いかに生きるのか」というテーマにたいする取り組みには、あらゆるものを個々が生きる営みの俎上に置いて、個々にとっての意味を自身の営みのなかに再構成する姿勢が要請されると先に指摘した。これに続けて、さらに筆者は、この再構成のなかで、ことばの世界に生きる人間が獲得した常識である切るということ、つまり「区切る」という行為が必要になるのではないかと考える。われわれは、生きる意味を探求するプロセスのなかで、まさに「区切る」ことをしなければならない。それによって、「始まり」が生まれ、「いかに生きるのか」「私とは何者か」にたいする個々なりの答えに到る窓が開かれるのではないだろうか。そして、その窓から新たな生命力・創造力がもたらされてくる可能性を模索しなければならない。この場合、「区切る」のは、神話でもなければ科学でもない。道徳的・倫理的規範でもない。「区切る」のは、「私」である。個々が人生の営みのなかで、私という存在を賭けて区切ることをしなければならない。クロノスに存在を委ねる姿勢ではなく、カイロスから意味を産み出す姿勢をもつことと言ってもよい。それは決断する力でもある。さらに、現代では「終わり」をも私が区切らねばならない時代になりつつある。そして、「私」が区切ることをとおして、「私とは何者なのか」にたいする答え、すなわち「私」が創造されていくと筆者は考えている。このような営みの積み重ねによって、現代人は文化を生産していくのではないだろうか。

多様な生き方ができるということは、一見して自由なことであるように思われるが、実はそこには、ある生き方を選択し決断しなければならない（区切らねばならない）という、現代人が抱える大きな作業がある。この作業に本質的に必要なこころの機能を筆者は「決断の力」と呼ぶ。

このことを別のことばで言うと、「生きる意味」の探求とは、はじめからどこかにあると幻想される「意味」に向かって生きることではない。そうではなくて、生きる営みのプロセスそれ自体のなかに潜在的に「意味」はあるのであって、個々がどこで「区切る」かによって、それぞれの「意味」が生命力・創造力をともなってもたらされてくるのである。「意味」を求めて生きるのではなく、生きる営みのなかに「意味」がもたらされてくるプロセスと言ってもよい。あるいは、目的があるから生きられるのではなく、生きる営みのなかに目的がもたらされてくるとも言える。もたらされてくるためには、どこかで区切らねばならない。現代を生きるなかで、われわれにはこのような決断の力が必要になっていると筆者は考える。このようにみるとき、先に引用した河合の次のことばはいっそう意味深く響いてくる。

われわれの人生そのものが、ひとつの創造過程である（河合　一九八三）[37]。

このことばは、決断の力によって創造への窓が開かれることを意味しているのではないだろうか。

4　まとめ

最後に、これまで述べてきたことを簡潔にまとめておくことにする。

本章では、「いかに生きるのか」という観点から、人間の営みとさまざまな社会との連関を検討し、そこから現代の時代性を論じてきた。それを、人間が生きる基盤という視座からまとめると、図1のようになる。

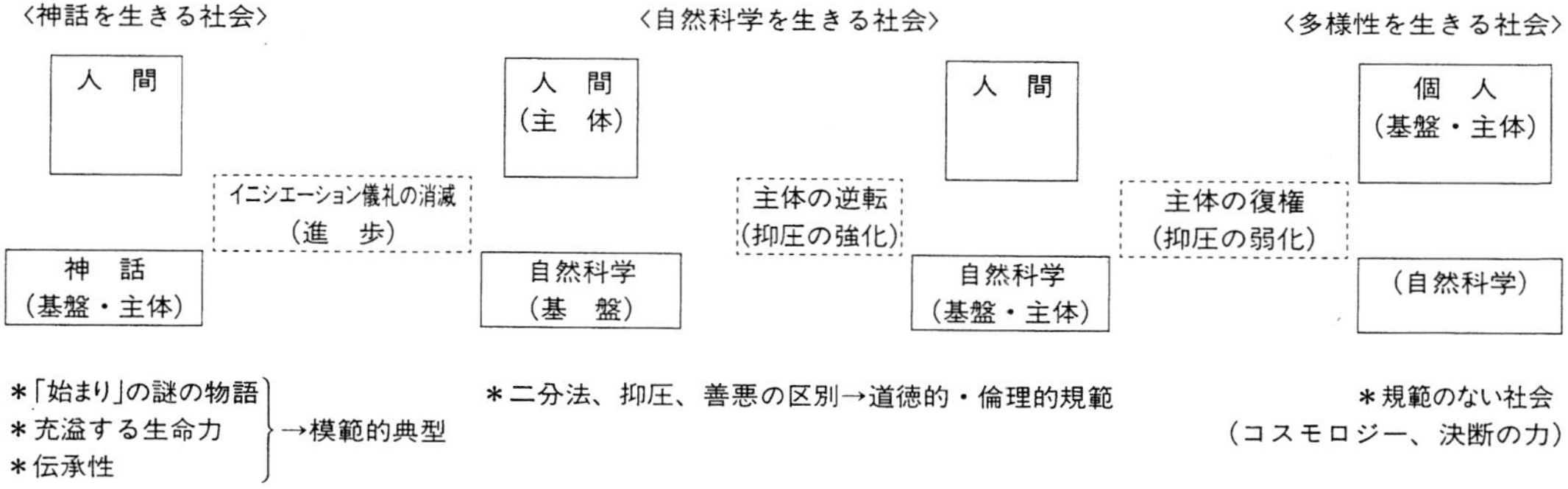

図1　人間の営みの基盤と主体の変遷

*＜多様性を生きる社会〉の項で,「自然科学」が（　）で括られているのは，自然科学がいまだ人間の営みに密接にかかわってはいるものの，新たなパラダイムの模索が行なわれていることを示している。

すなわち、「神話を生きる社会」では、営みの基盤は神話にあった。「いかに生きるのか」の答えは神話のなかにあったのである。そして、神話は繰り返し語られ伝承されることによって、人間の生き方の模範的典型となっていった。エリアーデによると、ネツィリク・エスキモーは、「それは、それがそうであると語られたゆえに、そうである」と説いて、「彼らの聖なる歴史と宗教的伝承の妥当性を証明する」と述べている[(38)]。そこには、疑問を差しはさむ余地はまったくないのである。

そして、人間が「進歩」という概念をもったことによって、伝承の型であるイニシエーション儀礼は消滅し、自然科学の方法論が神話に取って代わることになった。神話や宗教は模範的典型とはならなくなったのである。人間は、「いかに生きるのか」の答えを自然科学の方法論である二分法に求めるようになった。このことは、神話によって人間の生き方が規定されていた時代から、人間がみずからの生き方を、自然科学を基盤として決定していく時代に入ったことを意味する画期的な事態であった。これによって生まれた秩序、すなわち道徳的・倫理的規範は、善を受け入れ悪を抑圧することによって、人間の営みの基盤になっていったのである。しかし、二分法による抑圧は非常に強大な威力を発揮し、それによって、皮肉なことに逆転の事態が生じることになった。すなわち、人間は自然科学を基盤として社会の秩序を構築し、その営みを主体的に展開させていったにもかかわらず、逆に自然科学によって「いかに生きるのか」が規定される事態を生んだのである。「いかに生きるのか」に答えるのは、人間ではなく自然科学になった。主体の逆転である。そして近年、この事態にたいする反省と見直しが試みられるようになった。すなわち、自然科学が産み出した影の領域への気づきとともに、社会における抑圧の弱化、価値観の多様性が生じ、人間はふたたび、「いかに生きるのか」を主体的に模索するようになったのである。主体の復権である。けれども、ここでは神話も自然科学も生き方の規範とはならない。すなわち、現代のわれわれは何らの生き方の規範をもたないのである。「いかに生きるのか」の答えは、規範を外に求めて得られるものではなく、個々がみずからのなかに見出していかねばならない。それは、社会と自身との相剋のなかで相対的に行なわれなければならないプロセスであり、このプロセスのなかで、われわれはみずからの生き方を選択し決定していかねばならない。そこには、厳しい決断の力が必要とされる。多様性とはけっして自由だけを意味するのではなく、ある生き方を選択・決定するという決断をも意味しているのである。それが人間にとっていかに厳しく本質的な作業であるかは、すでに述べてきたが、第3章以降でより具体的に考察することにする。

第2章　多様性の現代を生きる秩序

はじめに

人間の営みを安定させるための秩序は、いかにして生成されてきたのだろうか。前章では人間の営みの基盤と主体の変遷とを概観してきた。本章では、主体の特質である秩序との関連で人間の営みについて考えてみたい。

およそ人間が共同体を形成すれば、そこには秩序が必要となる。レヴィ＝ストロースが、「人類の知的業績を見わたすと、世界中どこでも、記録に残る限り、その共通点は決まってなんらかの秩序を導入すること」であると述べるように、[1]秩序は人間の営みの必要条件である。前章で述べた神話による模範的典型や二分法による道徳的・倫理的規範は、それぞれの社会における人間の営みを安定させる秩序であると言うことができる。社会の変容プロセスにつれて、それぞれの社会の人間の営みにそれぞれの秩序が生成してきた。

現代ではどうであろうか。現代は規範なき時代である。それでは、現代人の営みを安定させる秩序はあるのだろうか。「いかに生きるのか」という視座からみたとき、現代人は何によって守られているという実感を体験するのであろうか。

1　暴力性

●序

人間は、生涯を通じてつねに安定を求めて止まない。誰もが幸福でありたいと願い、平穏で平和な営みを望む。現代にかぎったことではない。人類はそのために幾多の努力を積み重ねてきたし、そのプロセスのなかで幾多の犠牲が払われてきた。そうした過去の歴史・文化を踏まえて、われわれ現代人は生きている。

現代というこの多様性の時代を、過去と比較して幸福と感じるか不幸と感じるかは個々の実感に帰すべきことかもしれないが、心理療法家として筆者は、ジェノサイドをはじめ、暴力によるあまたの犠牲のうえに現代があるという事実から目を背けてはならないと考える。この事実を過ぎ去りし時代のことと捨てておくことはできない。現代を生きながらも、われわれは過去の歴史・文化の影響を受けている存在だからである。いわば、われわれ現代人は累々たる屍の上にかろうじて両足を立てているだけの存在なのである。この事実を、多様性の現代を生きるわれわれはいかに引き受けていけるのだろうか。

●抗《あらが》いようのない力

秩序はいかにして生成してきたのか。ベンヤミンは、その生成の根源に暴力があることを主張する。「神話的な暴力は、その原型的な形態においては、神々のたんなる宣言である。その目的の手段でもなく、その意志の表明でもほとんどなくて、まず第一に、その存在の宣言である」(2)。ベンヤミンは、この「神話的な暴力」を「法措定の暴力」と呼び、近代において主体となった人間が秩序を生成するために措定した法は、その原理において神話的だと指摘する。たとえば、ニオベ神話が神々に虐殺された子どもたちを永遠に嘆く母親としてニオベを描くのは、ニオベの生命を、「子らの最期によって以前よりも罪あるものとし、だまって永遠に罪をになう者として、また人間と神々とのあいだの境界標として、あとに残してゆく」からであるとベンヤミンは解釈する。つまり、神々の直接的な暴力は神話的宣言なのであり、それは人間が超えてはならない境界標を設定するのである。そして、法の領域には「神話時代のすべての戦争の〈講和〉がくわだてる境界設定という、法措定的暴力一般の根源現象が、存在しているのだ」と主張する(3)。

ベンヤミンのこの主張は、秩序の生成が歴史・文化の影響を受けることを示唆しているという点で意味深い。先述したように、現代の秩序を考えるうえでもこの視点は重要である。それに加えて筆者は、秩序が人間存在に根源的な暴力から生成されることを示したというところに、この主張の意味深さを感じる。

神話と儀礼を詳細に解読したジラールは、同様に、「創始的暴力」が秩序の根源にあり、それはつねに贖罪としてのいけにえを求めることを見出し、いけにえにたいする「暴力が満場一致で認められるが故に、暴力は秩序と平和を回復するのである」と指摘する。[4]また、今村は、このような根源的な暴力を「秩序創成暴力」と呼んで次のように述べている。

神話的暴力としての秩序創成暴力は、「罪をつくり、あがなわせる」、「脅迫的」で「血の匂いがする」。言い換えれば、秩序創成暴力は、犠牲を要求するがゆえに、神話的なのである。犠牲を要求する神話的暴力は、決して原始的な暴力にとどまるわけではなく、未開と近代とを問わず、法・秩序・権力があるところには、どこにでも見いだせる暴力なのである（今村　一九八九）。[5]

このように、秩序生成の根源には暴力が存在し、それはつねに犠牲を産む。今村も指摘するように、そのことは現代の状況でもあると筆者は考える。たしかに秩序は共同体を営むうえでの必要条件である。しかし、それは暴力性をつねに内に潜めているのである。

暴力性の発動は、現代のどのような社会においてもみることができる。心理療法家は、家庭という社会における暴力を家庭内暴力、学校という社会における暴力を校内暴力と呼ぶ。さらには、戦争・紛争という国家的暴力の顕現を、われわれは目の当たりにする。そして、このような暴力によっていかに多くの人びとが犠牲になっているかをわれわれは思い知る。

ここで筆者は、「暴力」を、「抗いようのない力」の侵襲と捉えたい。このように捉えても、これまでの指摘と矛盾はしないだろう。しかもこれは、たんなる言い換えではなく、主体としての個人の体験からみた事態を意味するという点で、まさに現代的であると筆者には思われる。また、臨床的にはこのように捉える方がはるかに意味深い。

抗いようのない力は、人生の営みのプロセスで個人を侵襲し、意識的・無意識的に個人に犠牲を強いる。このような事態はクライエントの語りのなかに溢れている。上述した家庭内暴力や校内暴力、さらにはいじめ、虐待、不登校、自殺などといった事態がたちどころに想起される。そして、この力にたいして、自然科学はまったくと言っていいほど無力である。たとえば、朝、登校を前にして玄関で頭痛や腹痛を訴える子どもにたいし、薬物が奏効しないことは非常に多い。この場合、頭痛や腹痛、さらに登校するということ自体、子どもにとっては抗いようのない力の侵襲を体験している事態であると考えることができる。

また、素朴に周囲を見渡してみても、われわれはいかに多くの抗いようのない力の侵襲を受けているかが了解できるだろう。そもそも、生まれたこと自体がそうである。この両親のもとに生まれたこと、この家族の一員であること、さまざまな身体的特徴をもつこと、不慮の事故や病い、死ぬということなど。抗いようのない力の侵襲はすべての個人に起こりうる可能性をもっている。このような侵襲にたいし、個人がいかにかかわるのかは、その個人が「いかに生きるのか」というテーマと直結する。

現代は、個々が「いかに生きるのか」に取り組まねばならない時代である。そしてこの作業は、現実との関連において行なわれなければならない。このプロセスに抗いようのない力が否応なく侵襲してくる。それによってもたらされた現実に個人がいかにかかわるのか。それは、「いかに生きるのか」のプロセスそのものと言ってもよいだろう。河合は村上との対話をとおして次のように述べているが、きわめて示唆深い指摘であると思われる。

何の罪もない人が、「治療」という名のもとにＨＩＶ感染者にされてしまうのなども、近代的暴力の一つの表われと見ることもできます。……これを避けるためには、自分の中の暴力性を最初から考慮の中に入れて、行動することが必要なのだと思います（河合　一九九六）[6]。

このように、現代においては、秩序の根源にある暴力性、すなわち抗いようのない力の個人への侵襲をいかに引き受けていくのかが、「いかに生きるのか」のプロセスであると言うことができる。多様性を生きる社会の秩序は、外から与えられるものではなく、個人のなかに個々が見出していかねばならないのである。前章に述べたように、現代においてこのテーマの基盤・主体が個人にあることを思うとき、現代人の深い孤独と、孤独であるがゆえの人と人との絆の必要性・重要性が痛感される。

●排除の構造

神話を生きる社会では、ジラールの言うように、満場一致の暴力によって犠牲者が排除され、それによって秩序の安定が保たれていた。このような秩序の原理が排除の構造である。およそ人間が集団を形成すれば、差異は秩序の安定条件となり、異質なるものは排除される契機をつねに内包している。現代でも事情は変わらない。先述のように、現代では、抗いようのない力の個人への侵襲が、結果として個人に犠牲を強いる。そうして共同体の秩序が保たれている。

自然科学を生きる社会における二分法による秩序の原理もこれと同じ排除の構造である。すなわち、社会の安定を脅かすものに否定的意味を付与し、それを社会の辺縁に置いて、事実上排除してきたのである。このことは、たとえば伝染病者の歴史をみればただちに了解されよう。前章で「進歩」という概念を取り上げたが、そこで筆者は、現代においてはこの概念が集合的に肯定的含意をもつ危険性、それが新たな生命力や創造力と安直に錯覚される危険性が強いことを指摘し、現代的意味で「進歩」ではなく「変容」と呼ぶことを提唱したが、それは一つには、進歩が排除の構造をもつこと、つまり犠牲を強いることを現代人が自覚する必要があると思われるからである。中井は次のように述べている。

進歩とはなかんずく、邪悪なるものの排除であった。この観点からするとき、魔女も、働かざる者も、理性をもたざる者も、伝染病者も、いな病いもその原因たとえば細菌も、医学においても看護においてもひとしく排除清掃されるべきものであった。病気あるいは病者との共存は今後の課題となろう（中井　一九八二）。[7]

中井は排除ではなく共存への道を今後の課題としている。たしかに、巨視的にみれば排除から共存へと向かう世界の動向はある。しかし、現代人の日常性のなかには、排除の構造がいまだ歴然と存在することも事実である。この事実をまず踏まえる必要があると筆者は考える。第3章で詳しく取り上げるが、赤坂は、学校、浮浪者、分裂病などをテーマとして取り上げ、そこにおける排除の構造を明快に論じている。[8]

不登校やいじめなど現代の様相を散見するとき、事態はまさに深刻であり、現代人はいまなお秩序生成のための暴力性・抗いようのない力の影響を強大に受けていると言える。それはすなわち、犠牲を産む排除の構造である。先に述べた秩序の安定条件としての差異化は、排除される対象を産む危険性を秘めているのである。

多様性を生きる社会にあって排除の構造が存在するという事実は脅威である。さまざまな価値観の混在は、ある状況下で容易に排除の構造を発動させ、抗いようのない力の侵襲によって個人が犠牲となる危険性を秘めているからである。ヨブの苦悩は過ぎ去りし時代のことではない。「いかに生きるのか」というテーマへの取り組みは、つねに排除される脅威に曝される作業なのである。筆者は、ここに現代を生きる孤独・苦悩があると考えている。つまり、多様性の現代に排除の構造が歴然と存在するという、事実としての矛盾のなかで現代人は生きているのである。現代を生きるわれわれは、この事実をきわめて重要なことと認識すべきではなかろうか。この意味で、赤坂の「近代はおろか前近代すらまだ終わっていない」との述懐は正鵠を得ている。(9) それでは、このような現代を生きるわれわれは、排除の構造によらない新たな秩序を生成することができるのであろうか。

2 創造性

●序

ベンヤミンは、先に述べた「神話的暴力」を批判し、新たに「神的暴力」の必要性を主張している。

神話的暴力はたんなる生命にたいする、暴力それ自体のための、血の匂いのする暴力であり、神的暴力はすべての生命にたいする、生活者のための、純粋な暴力である。前者は犠牲を要求し、後者は犠牲を受けいれる（ベンヤミン　一九二一）。(10)

しかし、はたしてそのような暴力があるのだろうか。ベンヤミン自身、この二つの暴力を明確に区別することの困難さを述べているが、よしんばそのような暴力があったとして、それを暴力と呼ぶ必要があるのかどうか、筆者には疑問である。今村も指摘しているが、そもそもこの考え方は、暴力の善悪という二分法を産む危険性を秘めているという点でも問題がある。この点にふれて今村は、「ベンヤミン的な〈神的暴力〉は、はるかに人間の尺度を超え出るものである」と述べている。[11]

筆者は先に、「暴力」を「抗いようのない力の侵襲」と捉えたが、ベンヤミンの述べる「神的暴力」が今村の指摘するように人間の尺度を超え出るものであるならば、それはまさしく抗いようのない力の侵襲と言えるであろう。問題は、この抗いようのない力の侵襲に個人がいかに応えていくのかという点にあるのであって、区別することにあるのではない。このことと関連して、ジラールの見解は深い示唆を与えてくれると思われる。そこでまず、その主張の流れを概観することにする。

●聖なるものの不在

ジラールは、儀礼そのものの捉え直しを主張し、まず次のように述べる。

儀礼は常に、殺人の後で贖罪のいけにえのまわりに作られる満場一致がもたらす平和のような、共同体が知っている最大の平和を樹立しようとつとめる（ジラール　一九七二）。[12]

儀礼は暴力に方向づけられているのではなくて、秩序と平穏に向けて方向づけられているのである。儀礼が再現しようとつとめる唯一の型の暴力は、暴力を放逐する暴力なのである（ジラール一九七二）。[13]

このように儀礼の意味を捉えるジラールの意図は、一見して儀礼にともなう暴力の不可避性の主張にあるように受け取れるが、筆者はここに、排除の構造それ自体に内在する、二分法による意味付与という人間の行為・恣意性を明確にするという意図があるように思われる。

このことは、制度としての儀礼が消滅した現代においても、きわめて重要な示唆を含んでいる。すなわち現代では、「いかに生きるのか」というテーマに個人が取り組む際に、個人の周囲に恣意性による排除の構造が顕在化し、結果として犠牲を産むという危険性を抱えているのである。この危険性を真に認識することは、すべての個人にとって必要不可欠であると筆者は考える。前章で主張したように、制度としての儀礼を失った現代人が「いかに生きるのか」というテーマに取り組むためには、決断の力を必要とする。決断は区別を産む。そこに排除の構造が顕在化する危険性が生じる。現代では、そうした危険性はすべての個人に開かれており、もはや現代人はそこから逃れることはできないように思われる。このような危険性への重い自覚が、現代人には必要ではないだろうか。

しかしジラールは、儀礼の理解を人間の恣意性に帰するのではなく、儀礼は聖なるものの活動であると主張する。

創始的な暴力を見定めることは、聖なるものが自らの中に一切の矛盾したものを統合しているということを理解することである。矛盾と見えるのは、聖なるものが暴力と異なるからではなくて、暴力がその暴力自体と異なっているかのように見えるからなのである（ジラール　一九七二）[14]。

この主張の重要な点は、聖なるものが暴力と異なるとするのは人間の恣意性にすぎず、聖なるものはそうした人間の恣意性を超えた両義性を孕んで、いっさいの矛盾を統合している、というところにある。それが秩序の根源にある。この意味で、聖なるものに人間は抗いようがない。つまりそれは、神性なのである。筆者は、暴力を抗いようのない力の侵襲と捉えたが、この把握は聖なるものにも妥当するであろう。

ところで、現代には矛盾したいっさいのものを統合する聖なるものがあるのだろうか。このことを思うとき、ジラールの見解は現代に深刻な影を落としている。それは、現代には聖なるものがないという意味においてではなく、「いかに生きるのか」というテーマに取り組むプロセスで、個人が何かを聖なるものと錯覚する事態を体験する危険性があるという意味において、である。このプロセスには、人間の恣意性が入り込まざるを得ない。しかしそれは、あくまで人間的次元の事態であって、絶対的・普遍的次元の事態ではないのである。このことを現代人はきわめて謙虚に受けとめるべきであると筆者は考える。中井は、精神科医が現代ほど神に取って代わろうとする内的誘惑に直面している時代はないと述べ、この事態にいかに「医師としての同一性を保持しつつ患者に対しつづけるのか」は、精神医学のみならず、現代の問題であると指摘している。(15) この指摘が心理療法家にも教育者にも妥当するのはもちろんのことである。

現代は、統合ではなく人間の恣意性による分節化・区別化が隆盛をきわめている時代である。それは人間の本質であり業であるとも言えるのだが、統合するものの不在感はいっそう顕著に体験されているように思われる。筆者は、秩序の根源にある聖なるものは、外に求めて得られるものではなく、「いかに生きるのか」に取り組む個々の営みのなかで、個々の内に見出していかねばならないものであると考える。それは、個々にとっての生きる秩序の生成プロセスであると言うことができる。

さて、ジラールは聖なるものの両義性の根拠として、「聖なる」ということばの語源にあたるラテン語の「サケル」(sacer) には「呪われた」という意味が同時にあること、この両義性はメラネシア語族の「マナ」をはじめ、大部分の言語に見出すことができることを挙げている。(16)

この指摘は、ユングが心理療法に導入した「マナ人格」を、さらには意識のはからいをはるかに超えた神秘的体験である「ヌミノースム」といった概念をただちに想起させる。これらについては詳述しないが、マナ人格の一つであるトリックスターについては、現代の心理療法・教育を考えるうえでも重要と思われるので、次に述べることにする。

●トリックスター

トリックスターは、その自由奔放な振る舞いで、ときには秩序を乱し破壊し、ときには新たな創造をもたらす両義性をもった道化である。すでに多くの指摘があるように、トリックスターは神話や昔話のなかで重要な役割を演じ、人間の営みに大きな影響を及ぼしてきた。ユングはラディンの論説を受けて、「文明化の過程は、トリックスター物語それ自身の中に始まっており、それによってもとの状態が克服されることを明らかに示している」と指摘している。(17) すなわち、物語の初期に残忍・野蛮・愚鈍・無分別な行動をみせていたトリックスターは、物語の終わりに近づくと、有益で分別のある行動をとり始めるのである。この特徴についてユングは、それはトリックスターの悪の側面が無意識内に引き込まれてしまったにすぎないと考え、次のように主張している。トリックスターのもつ悪の側面は、

エネルギーを失って無意識のなかに引きこんでしまっただけである。それは意識内のすべてが異常のないかぎり、無意識のままで留まっている。しかし、意識が危険で疑わしい状態において揺り動かされると、影は無となって消え去ってしまっていたのではなく、少なくとも隣人への投影として出現する絶好の機会を待っていたのにすぎないことがわかるのである。このようなことがうまく生じると、

隣人の間に、例の未開の暗黒の世界が現われ、トリックスターの特徴であるすべてのことが——文明の最高の水準においてさえ——起こるのである（ユング　一九五四）[18]。

つづけてユングは、文明人はトリックスターを忘れてしまっていると指摘し、「人間が集団をつくり、そのなかに個人を埋没せしめてしまうや否や、影は動きはじめ、……人格化され、具現化される」と指摘する[19]。そして、論述の末尾を、「集団的、神話的形態におけると同様に、個人の影もまた、相互反転、つまり逆転の可能性をその内部にもっているのである」と締めくくっている[20]。

ユングのこの指摘は、現代にも大きな意味をもつのではないかと思われる。たとえば、「人間が集団をつくり、そのなかに個人を埋没せしめてしまうや否や」とのことばに、教育現場を即座に連想するのは筆者だけであろうか。一様性・均質性を求める教育現場にはトリックスターの不在がみられる。筆者は、現代人が生きる秩序を生成していくプロセスにおいて、トリックスター性を体験することは不可避ではないかと考えている。その際、現代人は制度としての儀礼を失っているため、トリックスターのもつ悪の側面を自身の現実との相剋のなかで体験していかねばならないのではないか。善悪の区別さえ曖昧になりつつある多様性の現代にあって、どのような生き方でも許容されるなどという認識は、途方もなく甘い。個々にとっての、そうした現実との相剋のプロセスからトリックスターのもつ創造的側面が活性化され、生きる秩序が生成されるのではないかと筆者は考える。先述したユングの指摘する相互反転の可能性を筆者はこのように捉えている。そして、個性はこのようなプロセスのなかで磨かれていくものであると考えている。

教育改革において、個性重視が大いに謳われている。大変意味深いことと思われるが、個性を重視すること、個性的に生きるということは、途方もない危険性・困難をともなう営みであるということへの自覚は必要不可欠である。この点については、第3章でふたたび取り上げることにする。

現代人にとって、トリックスターのもつ両義的価値を生きることは実に危険かつ困難なことであると思われてならない。けれども、規範なき現代において、制度としての儀礼を失った現代において、これまで人間の営みを安定させてきた既成の秩序に代わる新たな秩序を生成する必要性が迫られているのも、心理療法家としての実感としてたしかにある。そしてそれは、個々が「いかに生きるのか」ということに帰されると筆者は考える。

このような意味では、心理療法の場を訪れるクライエントというのは多様性の現代を生きるトリックスターであると言うことができるであろう。

おわりに

現代を生きる人間の営みには、いまだ個としての存在を守るための秩序は生成されてはいない、と筆者には思われる。集団のなかに身を置いたときに、個としての存在が守られているという実感をわれわれはいかにして体験することができるのだろうか。前章で述べた、生きているという実感の乏しさは、守られているという実感の乏しさに通底する体験ではないか。このように、「いかに生きるのか」は、個としての存在を賭けた新たな秩序生成のテーマと言ってもよいであろう。

「生きがい」ということばが市場を席巻している観がある。それは、現代人のいかに多くが「生きがい」を見失っているのかを意味する事態とみることができる。しかし、これまで述べてきたように、「生きがい」とは容易に見出せるものではなく、みずからの存在を賭けた個々の人生の探求を意味するのであって、軽々しく用いられることばではないと筆者には思われる。「癒し」ということばも同様である。もっとも、「生きがい」も「癒し」も多層性をもっていると考えれば、いろいろな「生きがい」や「癒し」があってよいのかもしれないが、少なくとも教育者や心理療法家であれば、このことばへの重い自覚が必要であろう。

第3章　子どもをめぐる現状

はじめに

子どもをめぐる現状については、学校教育・家族関係・地域社会・時代性・国際社会・日本文化など、さまざまな視点から論じることが可能であろう。このような視点から、多くの識者によって子どもの現状が照射されている。そして、筆者の知るかぎり、子どもをめぐる現状が良好であると結論づけられているものはない。個人的な印象からしても、子どもをめぐる現状は相当に厳しい。過酷であるとすら言えるのではないだろうか。

排除の構造については、これまで繰り返し強調してきたが、それは現代においても歴然と存在し、子どもをめぐる現状を深刻化させている。前章において、多様性の現代を生きる秩序は個々の内に見出していかねばならないと指摘したが、そのプロセスの途上で、子どもは共同体がもつ排除の構造に直面するのである。本章では、これまでの論述を踏まえて、主として学校教育の視点から、現代の子どもをめぐる現状について考えることにしたい。

1　排除される子ども

●序

教育現場においては、校内暴力・不登校・いじめなど、取り組まねばならない深刻な課題が山積している。たとえば、排除の典型的な事態の一つであるいじめの深刻さについてはいまさら強調するまでもないだろう。いじめを苦にした子どもの自殺も後を絶たない。すでにいじめは深刻な社会問題になっていると言える。「いじめ根絶」が叫ばれてもいる。

けれども、教育現場で日々子どもと接する教師のなかには、このようないじめの社会問題化に当惑を感じる人も少なからずいるのである。そのような教師の話を聴くとき、筆者のこころにつねに湧くのは、「いじめとは何か」という素朴な疑問である。それは、教師・保護者・子どもの間に、「いじめとは何か」についての共通理解が得られているのであろうかという疑問と言ってよい。この疑問は、校内暴力や不登校の問題を考えるときにも、筆者のこころに湧いてくる。現代の教育をめぐる現状はたしかに厳しい。しかし、「いじめ根絶」をスローガンに掲げるとき、いじめという事態のみが先鋭化し、いじめ問題への取り組みは根底においては教育の課題である、という認識を弱めてしまうのではないかという危惧が筆者にはある。この危惧は何もいじめにかぎったことではない。校内暴力・不登校においても同様である。

このようにみると、課題への対策を立てる前に、まずこうした課題の背景について理解しておく必要があるのではないかと思われる。ここでは、これまで繰り返し述べてきた排除の構造という視点から、学校現場における課題について考えてみたい。

●学校教育にみる排除の構造

赤坂は、現代社会における排除の構造の存在を論じるなかで、学校現場のいじめにみる排除の構造について取り上げている(1)。その論述は次のように概観される。

まず赤坂は、いじめの定義の問題にふれ、「暴力のない社会が存在しないのと同様に、コミュニケーションの一形式としてのいじめと無縁な集団もまた存在しない」と述べる(2)。そして、この意ではなく、第2章で述べたジラールや今村が指摘する意味での暴力、つまり満場一致の、排除のための暴力を「いじめ」と捉える。ついで、養護学校が義務化された一九七九年ごろから、いじめが新聞報道され始めたという時期的符合を取り上げ、養護学校の義務化を次のように考察している。


それはいわば、秘め隠されてきた排除の構造が、市民社会の表層へ浮上してきていることを象徴するような事件であった。……養護学校の義務化というできごとは、……均質化をもとめる効率至上主義的な、市民社会を生きるわたしたち自身のある要請と選択の結晶であったといってもよい。いずれ制度と心理の両面において、それは教育の現場に大きな影を落としている（赤坂　一九九一）[3]。

そして学校は、次第に「あきらかな差異を背負った子どもを排除することによって、かぎりなく閉ざされた均質的時空を形成」するようになり、このことによって、必然的に、秩序の安定条件としての差異の消滅の危機が生じ、子どもたちの共同体が脆弱で不安定なものになったと指摘している[4]。つまり学校という子どもたちの共同体には、「安定した秩序も、ヒエラルキーも存在しない」のである[5]。

このような事態にあって、子どもたちは異質であることを回避し、かぎりなく強迫的に同質であろうとする。これが模倣欲望による分身化である。そうしなければ、異質であれば、その子どもは秩序の安定のために排除されるからである。

現在のいじめに特異なことに、いじめが一対一ではなく、一人対集団（の全員）というかたちで行なわれるという現実がある。……いじめられっ子は、集団のアイデンティティの危機を救済するためにささげられる生け贄なのだ（赤坂　一九九一）[6]。

ここに、異質なものを生け贄として排除し、安定した秩序を生成するという排除の構造をみるこ

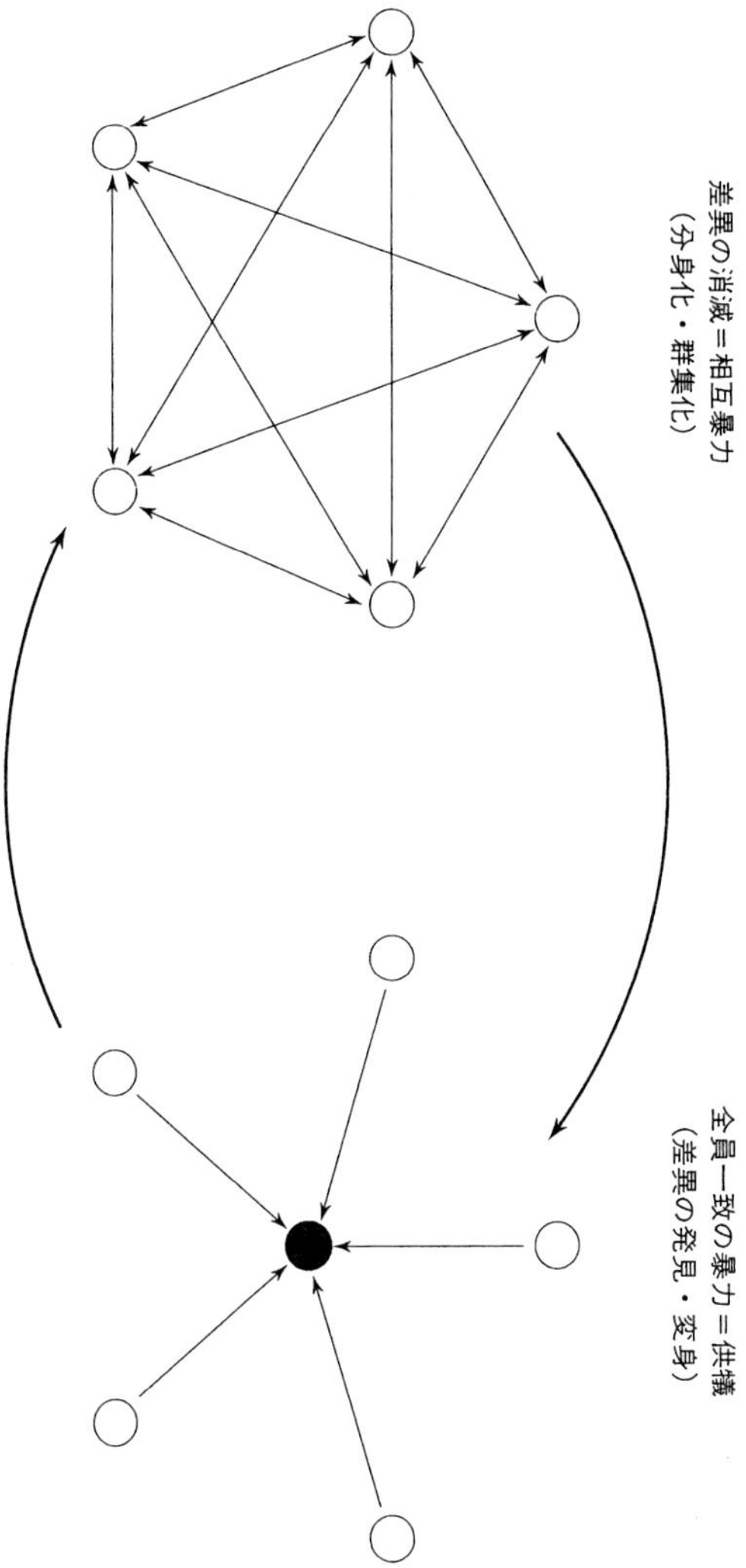

図2　いじめの場の生成・更新のプロセス（赤坂 1991）

とができる。そのとき、先述したように秩序生成の根源にある暴力性が顕現する。これがいじめである。子どもたちは些細な異質性によっていじめられる対象となる。

いじめる＝いじめられる関係が固定したものでなく、しばしば逆転し、いじめられる対象がくるくる変わるといった、現在のいじめに特異な光景は、差異の喪失状況、つまり分身化と相互暴力の段階に対応している（赤坂　一九九一）[7]。

このようなプロセスを図示したのが、図2である[8]。

このようにして、子どもたちはかぎりなく同質であろうとする。そして、教師もそれを意識的・無意識的に促すことになるのである。

以上、赤坂の論述を概観してきたが、このような排除の構造がいじめの背景にあることを思うとき、子どもをめぐる現状がいかに過酷なものであるかを感じるのは筆者だけではないだろう。

小学生時代にいじめを受けていたある子どもが、筆者に次のように語ったことがあった。「中学の三年間は、とにかくすべての面で目立たずじっとしていようと決心しています。それが何事もなく中学三年間を送るたった一つの方法だと思っています」。このような語りは、特別なことではなく、多くの子どもが感じていることのようにも思われる。

また、排除の構造はいじめの背景だけにあるものではないと思われる。いじめを契機に不登校になる子どもも多い。不登校は本人の意志ではなく、共同体の意志、つまり共同体によって排除された結果とみることもできる。校内暴力は、共同体によって異質の烙印を押された生徒による秩序破壊の試みと捉えることもできる。校内暴力は沈静化をみせているようであるが、ある県では最近になって微増傾向にあると聞く。前章において筆者は、現代を生きるための秩序は個々の内に見出していかねばならないと指摘したが、先の子どもの語りが現代を生きるための秩序であるとするならば、まさに学校は病んでいると言えるのではないか。教育はまさに深刻な課題を突きつけられているのである。

人間は一人一人が異なる存在である。先の子どもの語りにあったが、目立たないよう、均質性のなかに埋没しようといかに試みても、差異は生じる。そして、その差異が身体の特徴という事態によってもたらされる場合もある。牧口は、身体障害を生きた自身の学校体験の思い出のほとんどが見学で過ごした体育の時間のエピソードであったことを振り返って、自身は体育の時間に育てられてきたのではないかと語っているが、真に示唆的である。[9] そこから牧口は次のように問いかけている。

ほとんど見学だった体育の時間によって、私が育てられてきたとするなら、ほんとうに「学校」って何だろう？　いま、障害がある子らは「○○ができない」という理由で、地域の学校から排除されている場合が多い。明らかに受験制度と硬直した学校のありようが障害者を〝のけ者〟にしているわけで、あらためて、そんな学校とは何なのだ！（牧口　一九九六[10]）。

この問いに、われわれはいかに応えていくのであろうか。そのプロセスが子どもをめぐる現状にたいする教育の課題であると筆者は考える。

このようにみると、子どもをめぐる教育の課題への取り組みは、単純な方法論で解決できるものではなく、「いかに生きるのか」のテーマに存在ごとかかわらねばならない、真に困難なものであると言える。

2 個　性

●生きる秩序としての個性

第2章において排除の構造を論じた際、多様性の現代に排除の構造が歴然と存在するという、事実としての矛盾のなかで現代人は生きていると述べたが、このことは子どもをめぐる現状にも妥当する。

現代は、多様な価値観・生き方が許容される時代である。ただし、どのような生き方でも許容されるなどというのは途方もなく甘い考えであることは前章で強調した。子どもは、教師・両親などさまざまな存在をとおして現代をみつめながら、みずからの価値観を磨いていく。そのプロセスのなかで子どもの「個性」が成熟していくのである。その際に、子どもは排除の構造に直面する。排除の構造は個性を潰す性質をもっている。まさに子どもは事実としての矛盾のなかに生きていると言えるであろう。

ところで、いったい何をもって「個性」と言うのだろうか。教育においては「個性」の尊重が重視されている。文部省による『中学校学習指導要領』の第一章「総則」の冒頭には、「学校の教育活動を進めるに当たっては、……個性を生かす教育の充実に努めなければならない」と謳われている。[11] しかし、「個性を生かす」とはいったいどのようなことなのであろうか。子どもと教育をめぐる現状をみるとき、このような疑問が湧いてくるのは筆者だけであろうか。

このテーマは、それ自体が臨床教育学の中核を成すものであり、本書が全体として扱っているテーマでもある。「いかに生きるのか」[12]と個性とを切り離すことはできない。またそれは、教育との関連で河合の論じるところでもある。すでに述べたが、筆者は、「個性」とは、影（悪）の側面との両面性を孕んで、一般性・現実との相剋のなかで磨かれていく個々の独自性・価値観であると考えている。

けれども、排除の構造の視点から現代の学校教育をみると、多様性の現代にあって、教育現場が多様性とは反対の一様性・均質性を子どもに要求している印象が強い。このことを、子どもは肌で感じ取っている。そして、この矛盾のきしみのなかに現代の子どもがいる。このきしみのなかで、叫び声をあげている。河合も、「端的に言えば、個性的な子どもがいじめられやすい」と指摘している。[13]

大沢は、海外帰国子女の学校教育における現状を詳細に記しているが[14]、それはまさに先の河合の指摘そのものである。海外帰国子女は海外での体験によって、（成熟途上の）価値観・個性が形成されており、それが生きる営みの基盤となっているがゆえに、日本での学校教育を体験してきた子どもの価値観とは異なっている。そうした子どもは日本で学校教育を受けるとき、容易に排除の対象となりやすい。大沢は、おもに、アメリカ社会のなかで教育を受けた子どもが帰国して日本の学校教育を受けた際の体験にもとづいて、海外帰国子女がいかに過酷な排除の構造に直面し苦悩したかを克明に記している[15]。そして、日本の学校教育の現状つまり排除の構造の現実を痛烈に批判し、「帰国生が日本の学校に適応できないのは、受け入れた日本側の、厄介払いしたい、という閉鎖的な姿勢にこそ原因がある、と私には思われてならない」と述べている[16]。また、こうした現実は社会がもつ人間観の違いによってもたらされるのではないかと考察している。つまり、個別性を基盤とするアメリカの人間観と一様性・均質性を基盤とする日本の人間観の違いである。この点は、「個の倫理」と「場の倫理」の違いとして河合も指摘している[17]。

大沢の批判は、体験にもとづいた説得力をもっているが、かといって短絡的にアメリカ的になることが必要であると考えるのは、飛躍しすぎであろう。アメリカにおける教育をめぐる問題は途方もなく深刻である。そもそも、アメリカ的になる必要性などということを発想すること事態が、日本社会の価値観のなかで生きてきたという事実から離れた、日本人の取り入れ好きの現われではないかとすら思われる。

では、われわれにとって必要なことは何なのであろうか。この視点から大沢が記した海外帰国子女の体験をみるとき、そこには「個性」について考えさせられる深い示唆が含まれていることがわかる。豊富な実例のなかから原麻衣子（仮名）の場合を取り上げて考えてみたい[18]。

原麻衣子は、父親の転勤により小学二年を修了した春から七年間にわたって、カナダ、イギリス、アメリカと三か国で学校教育を受け、中学修了後、単身帰国し高校受験をする。しかし、希望の高校には合格できず、祖父母のもとからM学園に通学することになった。

麻衣子が七年間にわたる海外での学校教育で学んだのは、あきらめないで努力することが大切、学習が昨日より今日の方が進歩していれば成就感・満足感を味わうことができること、であった。しかし、そんな彼女は英語の授業での体験を契機に、ほどなくいじめにあうことになった。クラスの生徒たちは英語ができる彼女のことを、海外で暮らしていたから当たり前だ、努力しないでテストで百点をとるのはずるいと言う。麻衣子は、「私は、自分は海外へ行ってからずっと今日まで努力してきた」と叫びたい気持ちをぐっと抑えて英語の学習に取り組むが、文法に重点を置く日本の英語の授業に失望を味わう。そして、「日本ではあきらめることが大切、ということを学ばなければいけないのかもしれない」と感じるようになる。

それ以降、ロッカーの鍵が壊されたり、海外での思い出が詰まっている自作の油絵が切り刻まれて捨てられるなどの事態が起こる。そして、変な日本人を意味する「ヘンジャパ」のあだ名をつけられ、机にゴミを詰め込まれるなどのいじめが続いた。それでも麻衣子は、あきらめないで努力すれば先生や級友に認めてもらえると思い、いっそう勉強に力を入れる。しかし、返ってきたのは「ヘンジャパ」の嘲り声だけだった。

約半年後、麻衣子は食事をあまり摂らなくなった。それと並行して、M学園に失望を感じた麻衣子は通信教育に没頭するようになる。通信教育でよい成績をとり、ますますそれに励むようになっていった。ほどなく生理は止まり、痩せが目立つようになった。そしてある朝、自宅で倒れた麻衣子はそのまま救急車で入院することになったのである。病名は「神経性食欲不振症」であった。

その報を知り帰国した母親がみたのは、海外で培った価値観をもって日本の学校に適応しようとし、「ヘンジャパと囃し立てられても、涙ぐむこともなく、昂然と頭を上げて、一人で耐えた、だれにも助けを求めず、たった一人で闘い抜いて、刀折れ矢つきて倒れた」娘の姿だった。

M学園を退学した麻衣子は、入院生活を送ることになる。そのなかで、彼女は少しずつ元気を取り戻していく。そして麻衣子は、母親との会話のなかで次のように語ったのである。少し長くなるが大切な語りだと思われるのでほぼ全文を引用することにする。

「……お母さん。私が拒食症になったのは、ふとっているからやせたくて食べない、というはっきりした理由ではなかった。私はもともとやせていたのだから。自分では食べなければいけない、と思ったの。それなのに食べられなかった。それはとても苦しかった。

でも、病院のベッドではっと気づいたの。自分の決意や努力ではどうにもコントロールできない

〈何か〉が私に働いている。入りたい高校の試験に落ちたのも、自分でコントロールできない〈何か〉が働いたのだと思う。

もっと辿っていけば、私がカナダへ行ったのも、イギリスへ行ったのも、アメリカへ行ったのも〈何か〉の力が働いたのよ。お父さんがそういう会社で働いていたからじゃないと思う。それをいうなら、私がお父さんとお母さんの子どもとして生まれたから、ということになるでしょう。そういうことじゃないのだ、と気がついたの。

人間ができる限り力をつくしても、どうにもならない、というものがあるのよ。麻衣子なら麻衣子という一人の女の子の〈こうしたい、こうしよう〉というコントロールを超えた〈何か〉、その〈何か〉の力はとても大きくて強いの。いままである既成の言葉でいうなら、〈何か〉は〈宿命〉とか〈運命〉とかいうのかもしれないけど、ちょっとそれとも違うような感じなのね。

人間はできる限り力をつくせば必ず成功する？　そんなことないでしょう。一生懸命生きているのに白血病になる人はいるし、一生人のためにつくした人がガンになったり、ボケたりする。

そういう、私の決心や努力ではコントロールできない病気の体を、私は自分自身で受け入れようと決心したの。お母さんは、私に生理が来ないから、結婚できないのではとか、子どもを産めないのではとか、心配しているのでしょう。それは私を超えた問題。

いまは、病気になってしまった体を自分のこととしてまず受け入れる。自分の力の及ばない状況から逃げ出すのではなく、あきらめるのでもなく、いま、自分の力の及ぶことをやるの。それは勉強すること。病院のベッドで寝ていてさえ、これだけのことがわかったのよ。ベッドに寝ていたから、ともいえる……。

私が勉強したいのは、どんな願わしくないことがやってきても、うち負かされない力をつけたいから。お父さんがあの時、私が九年生の時、〈日本の高校へ行け〉といったから、こんなことになった、なんて、一度も考えたことはないのよ」（大沢　一九八六[19]）。

麻衣子は海外で学んだみずからの生き方・価値観で、日本の学校教育に溶け込んでいこうとした。しかし、そこで出会ったのは彼女を受け入れる教育ではなく、彼女を異質な者とみなして一様性・均質性のもとに排除しようとする構造であった。そこで麻衣子の価値観は揺らぐ。日本の学校教育へ適応するためにあきらめることの必要性を感じる。この思いは、先述した、中学時代を目立たずに生きようと語った子どもの思いと同じである。しかし、人格形成の多感な時期を海外で体験した麻衣子が価値観を変えるなどということは容易なことではない。そもそも、どちらの価値観が正しいのか、どのように生きることが正しいことなのか、などということは、誰にも決められないものではないだろうか。決めることができるのは当人自身しかないのである。みずからの生き方は、現実との相剋のなかで鍛えられ、磨かれていくものであり、そうしてもたらされた生き方・価値観こそ「個性」と呼べるものではないかと筆者は考える。そして、そのプロセスには人とのかかわり・絆が必要となる。麻衣子もそれを求めた。だからこそ、あきらめないで努力しようとしたのであろう。しかし、現実に体験したのは人との絆をつなぐことではなく、排除されることであった。筆者には、麻衣子が体験した経緯の表層しか知る由もないが、それだけでも現実との相剋のなかで磨かれる体験がいかに過酷であるかは、容易に想像できる。彼女は、あきらめず努力するという生き方を、M学園にではなく、通信教育で貫こうとした。そして、発病へと到った。

病院のベッドのなかで、麻衣子ははっと気づく。そして、これまでの自身の生き方を振り返り、彼女なりの物語を母親に語るのである。筆者はここに、個性を磨くための時間の必要性を痛感する。それは「病院のベッドに寝ていてさえ、……寝ていたから……」と、いみじくも麻衣子自身が語っていることばにも見て取ることができる。

麻衣子は、人間には限界があることを知る。限界を知ることは辛いことである。とくに、あきらめないで努力することの重要性を海外で体験してきた彼女にとっては、それを知ることは生死を賭けることですらあったと思われる。そして、病気の身体を受け入れることを母親に語る。これは、あきらめることを意味するのではけっしてなく、受け入れることから始まること、そこからみずからの力が及ぶことを始めることを意味する。麻衣子の語りのとおりである。第1章で強調した「決断の力」をここに見て取ることができる。麻衣子にとってそれは、勉強することであった。「私が勉強したいのは、どんな願わしくないことがやってきても、うち負かされない力をつけたいから」だと彼女は語っているが、これは、彼女がみずからの生死を賭けて獲得したかけがえのない価値観すなわち個性と言えるのではないだろうか。このような価値観・個性をもって学校教育を受けている子どもがどれほどいるであろうか。教育に携わる者は、彼女のことばの意味を深く考えねばならない、と筆者は思う。

ところで、麻衣子の語りにある「何か」とは何であろうか。それは人間のコントロールを超え、人間の営みに影響を及ぼすものである。筆者はこれを現代人が必要とする「たましい」ではないかと考える。あるいは、多様性の現代における「秩序生成の力」と言うこともできるであろう。最初それは、麻衣子にとって迫害的なもの（悪）として体験される。それによって、麻衣子は周囲からはトリックスターとして映ったであろう。しかし、級友も教師もトリックスターの創造的側面に気づくことができなかった。そして彼女は、現実との相剋のなかでたましいの悪の側面に文字どおり殺される危機に瀕したのである。しかし、入院という時間を得ることによって、たましいは、彼女が生きる新たな秩序生成の力となったのである。麻衣子について大沢は、麻衣子の「心と体と、ともに癒されていくのは、それは麻衣子自身に魂の力が働いたことによるのだ」と述べている。[20] 筆者も同感であるが、たましいの力が働くときには、創造性と破壊性の両面を現実にもたらす可能性（危険性）があることを、心理療法家として述べておきたい。

このようにみると、多様性の現代を生きる子どもの現状がいかに過酷なものであり、そのなかでみずからの生きる秩序を生成していくこと、個性的に生きるということがいかに大変な危険性をともなうものであるかがわかる。先に筆者は、個性は現実との相剋のなかで磨かれていくと述べたが、それは、多様性の現代にあって排除の構造が存在するという事実としての矛盾を生きることでもある。そして、このようなプロセスにわれわれはかかわっていかねばならない。そのとき、当然のこと、われわれ自身がこの多様性の現代をいかに生きているのかが問われる。われわれの価値観・個性が子どもによって試されているのだと言うことができるであろう。

●教師の個性

筆者は、現代教育の一様性・均質性は、子どものトリックスター性を犠牲にして成り立っていると考える。もちろん、トリックスター性のもつ影（破壊的側面）への自覚は必要である。けれども、人格形成の途上にある子どもがトリックスターの両面性を内包していることは、むしろ当然とも言えるのではないか。その創造的側面を見出し発揮していく作業は、子どもにとって、生きる秩序の生成プロセスであると考えることができる。この意味で、現代教育の一様性・均質性は、それが自身を守ってくれる唯一の秩序であると子どもたちが感じているかぎり、容易に排除の構造を顕在化させ、子どものトリックスター性を殺してしまう危険性を孕んでいる。教師は、安直な対処療法や方法論に固執するのではなく、こうしたことを真に自覚すべきである。一例を挙げてみよう。

小学生の娘のことで、ある母親が筆者のもとに相談に来られた。話の概略は次のようなことであった。彼女のクラスには、肥満気味だということでしばしばからかわれる生徒がいた。あるとき、彼女がその子をからかったところ、からかわれた生徒はとうとう担任にそのことを泣いて訴えるという事態が起こった。正義感に溢れた担任は、すぐさま彼女に厳しい指導を行なった。よく似た事態は、教育現場で日々起こっているだろう。しかし、この担任の指導は、まさにことばの暴力と言える厳しい威嚇であった。彼女は担任のことばに震え上がったそうである。しかもその後、担任は彼女を執拗に叱り続けたり、「あなたは授業を受ける必要がありません」と教室から締め出したり、彼女が何を言っても無視し続けたりしたのである。母親が担任に指導のやり方を変えてくれるように訴えても無駄であった。そうした担任の対応は三カ月あまりも続いた。そして、今度は逆に彼女が級友からからかわれる事態が生じたのである。彼女は、学校に行こうとすると頭痛、倦怠感、下痢などの身体症状を訴えるようになった。心配した母親が近医を受診させたところ、精神的なものが原因と言われ、薬を処方された。しかし、服薬しても身体症状は改善せず、ほどなく彼女は不登校になった。

母親のこの話からは、先述した排除の構造を鮮明に見て取ることができる。からかった彼女の行為は指導されるべきであろう。しかし、この学級集団の秩序がからかわれた子どもを犠牲にすることによって維持されていたことからすると、からかった彼女の行為それ自体は学級集団の秩序のもとにある。そして、からかわれた子どもが担任へ訴えたのは、実はこの学級集団の秩序への問題提起であり、からかった彼女の行為はその一つの契機であるとみることができる。しかし、担任にはそうした把握がなかった。彼女は担任から、指導という名のもとに厳しい仕打ちを受け続けた。今度は彼女が犠牲の仔羊となったのである。

この例は、現代の教育のむずかしさを鮮明に照射していると思われる。からかった彼女が悪い、行き過ぎた指導をした担任が悪い、精神力の弱い彼女を鍛えるべきだ、などという意見は何の説得力ももたない。そうした意見を述べて安閑としている教育者や心理療法家には戦慄すら感じる。事態から背を向けているとしか思えないからである。そして、この事態のなかに心理療法家としての筆者の存在を入れ込んでみるとき、そこには筆者自身の価値観・個性が問われていると感じさせられるのである。筆者自身の生き方の思想が問われていると言ってもよい。子どもに直接かかわった担任にも同じことが言えるのではないか。つまり教育においては、単純な善悪を超えて、教育に携わる者の価値観・個性が問われている、と筆者には思われる。この点に関連して、河合は次のように述べている。

日本の教育について……論じることはすなわち、日本人としての自分の生き方にかかわることであり、日本の教育の改革を考える際に、日本人としての自分の変革を棚上げにして考えることはできない……（河合 一九九六）[21]。

子どもは、多様性の現代にあって排除の構造が学校教育の場に存在するという事実としての矛盾のなかで、現実との相剋を体験しつつ、価値観・個性を磨いていこうとしている。それがいかに過酷なことであるかは、先の原麻衣子の例に明らかであろう。これが子どもをめぐる現状である。とするならば、子どもの教育に携わる者が、この現状を正面から見据えて、みずからもまた、現実との相剋のなかで価値観・個性を磨いていくことが必要ではないかと筆者は考える。それは、安直な価値観・個性で子どもに対処することではない。まさに河合が指摘するように、みずからの変革にかかわることなのである。

おわりに

数年前になるが、午後十時すぎに帰宅途中の電車に乗っていると、数人の小学生集団が同乗している場に居合わせた。子どもたちの様子から、塾の帰りだということが見て取れた。筆者は、小学生なら通常就寝している時間帯なのにと思ったのであるが、子をもつ現代の親からすればこの考えは甘すぎるのだろうか。このように思いをめぐらせていると、ふと、「この子らは小学生の時代からサラリーマンをやっているのではないか」と思い到った。このように思ったとたん、子どもをめぐる現状の深刻さが堰を切ったように筆者を襲ってきたのである。胃潰瘍などの心身症の増加、子どものうつ病、学業得点イコール人格・人間性と誤解される現状など。

われわれは、「いかに生きるのか」についての知恵を、子どもにいかに提示できるのであろうか。その知恵が学歴であると考える大人は、あまりに浅薄すぎる、現状を知らなさすぎる、と筆者は思う。過酷な受験戦争を勝ち抜いて有名進学校に入学した子どもが、ほとんど枯れ木のような状態でカウンセリンググルームを訪れるということを多くの心理療法家から聞く。筆者も同様のことを体験することがある。

原麻衣子の例でも述べたが，子どもをめぐる現状について思うとき，生きる速度が速すぎるという印象を強くもつのは筆者だけであろうか。価値観・個性というものは，ゆっくりとしたときのなかで，人と人との絆を体験しつつ熟成されていくものではないだろうか。

誤解を恐れずに述べると，「いじめ根絶」「差別をなくそう」「人権を守ろう」といったスローガンが，子どもも大人もことばだけの理解に終わっているとの印象が筆者にはある。これらのことは「いかに生きるのか」に直結することであり，個々が自身の存在を賭けて取り組んでいくことではないかと思われるのである。そのための知恵を，教育に携わる者はいかに見出していくのだろうか。この点に関連して牧口が次のように述べているのは，真に意味深い。

「差別をなくす」ということは，同じことをするのではなく，「ひとりひとりを特別扱いしながら，誰ひとりとして特別扱いしない」ということで，そのための知恵が「豊かさ」を培うのだ（牧口一九九六）。[22]

牧口がここで述べる「豊かさ」は，「個性」あるいは「生きる秩序」と言い換えることができると筆者には思われる。

第4章　生きる視点からみた発達観

はじめに

前章のおわりに、筆者は、子どもの生きる速度が速すぎる印象を強くもっていると述べた。それは、現代を生きる秩序として学歴が重要であることを子どもに提示してきた教育の、一つの帰結としての印象である。またこのことは、原麻衣子の事例にもみられたように、子どもをめぐる現状におけるさまざまな問題に通底していると考えられる。もちろん、事態にはつねに両面があるわけで、筆者の見方は一面的にすぎるかもしれない。しかし、「教育」の「育」に重心を置いてみるとき、このような見方の必要性を痛感するのである。

「生きるということ」は、いったいどういうことなのであろうか。哲学的な問題意識ではなく、多くのクライエントとかかわってきた臨床的実感から、このような素朴な疑問が湧いてくる。

心理学の領域では、こうしたテーマはこれまで「発達」という概念のなかで探求されてきた。それは、「時間」を基軸として人間の成熟を議論する直線的発達段階論であった。その成果から、それぞれの時期における発達課題が提示されることになった。フロイトやエリクソンの発達図式などはその典型である。そして、これらの方法論をもって、人間の発達が区分されることになったのである。

この議論は、近年になってライフサイクル概念の導入とともに、大きな転換を迎えることになった。そして、発達は中年以降も含めた人間の生き方をテーマとするようになった。この辺りについては、河合が詳述している(1)。また、第1章でも若干ふれた。筆者は、多様性の現代を「いかに生きるのか」という視座からみたとき、従来の直線的発達段階論の捉え直しが必要ではないかと考えている。そこで本章では、具体例を交えながらこの点について考察することにしたい。

1　生きる視点からみた発達

●序

通常、人間は加齢とともに変容していく存在である。その変容プロセスを多くの先賢が探求し、それによって、時間を基軸とした人間の発達課題が提示されることになった。そのような発達課題は教育にも大きな影響を及ぼし、たとえば○歳なら〜ができることが課題であるといった、「かくあるべし」という教育観を産み出すことにつながった。このような考え方は、子どもの教育を大いに推進してきたと言える。しかし、現代において「いかに生きるのか」という観点をそこに加えるとき、従来の発達課題にもとづいてそれを個々の子どもに適用し子どもにかかわるという方向性は、大切ではあるけれども、それのみでは充分ではないと思われる。そうした方向性とは逆に、個々が「いかに生きるのか」という生き方のテーマから子どもにかかわることが必要になってきていると筆者は考えている。

教育に携わる者は、どうしても方法論に頼ろうとする。心理療法家とて例外ではない。しかし、方法論を重視するあまり、個々の人間がどのような生き方のテーマを抱えているのかを看過してしまう危険性が強くなっている。これが現状ではなかろうか。

すべて人間は、個々が「いかに生きるのか」というテーマを抱えている。それは、老若男女を問わないし、障害の有無を問わない。このようなテーマにたいしては、通常の発達課題やそれにもとづいた方法論のみでは向き合っていけないのではないか。それに固執すると、区別化や排除の傾向を強くする。それでは、「いかに生きるのか」というテーマから、われわれはどのように子どもにかかわっていけるのであろうか。

●リュウの事例

筆者は過去十数年にわたって、保育園に通園する子どもとその保護者、そして保母、園長（以下、保育者）にたいして心理面からのスーパーヴァイザーとしての仕事に携わっている。それは現在、学校に導入されているスクールカウンセラー制度とほぼ同様の仕事内容と言えるように思われる。筆者は、保育園に直接入って、そこでの子どもの日常を実際にみて、子どもに心理療法的にかかわったり、保護者にたいするカウンセリングを行なったり、保育者とともに、定期的な勉強会や事例検討会を行なったりしている。このような取り組みのなかからみられた一つの事例を紹介してみたい。

翌年度に就学を控えている五歳の男児リュウ（仮名）が登園してきた。リュウは二年前の入園以来、なかなか集団になじめなかった。しかし、最近になってようやく集団への適応がかなりできるようになってきていた。そんな時期のある朝のことであった。

この日のリュウの様子は普段とはまったく違っていた。担任の言うことをきかずに、突然、「僕はここにいるんや！」と叫んで廊下に座り込み、自分の荷物で境界をつくりそこに立て籠ったのである。籠城である。リュウに何が起こったのであろう。母親の話からは、いつもと変わらぬ起床・登園であったという。担任はリュウを何とか教室に導こうとしたが、リュウの凄まじい迫力はそれを許さなかった。強制的にリュウを集団のなかに戻すことは、力をもってすれば可能であったろう。しかし、その行為はリュウの叫びに応えることにはならない。担任は、リュウのこころに何が起こっているのかはわからないけれども、その様子から事態の深刻さを感じ、強制的な対応はしなかった。リュウの迫力がそれを許さなかったとも言えるだろう。その日、リュウは終日、廊下で過ごすことになった。

担任からことの顚末を聞いた筆者は、リュウのこころには、たとえことばにならなくとも、保育園という環境・社会のなかで、そして就学へと向けて、「僕はいかに生きるのか」というテーマが発動していると、たしかに感じられた。このようなとき、集団不適応といったことばをもち出してみても、リュウの家族関係にその原因を求めてみても、担任を圧倒させた「僕はここにいるんや！」との存在を賭けたリュウの叫びにたいしては何の解決策にもならない。

園児たちが帰った後の事例検討会で、このことが取り上げられた。担任をはじめ保育者は異口同音に、どうすればリュウを集団に戻すことができるのかを筆者に尋ねてきた。従来から発達の遅れを指摘されてきたリュウが、就学を控えた年齢になってようやく集団に適応し始めたころであったので、早く集団に適応させたいという保育者の焦りは当然とも言えた。しかし筆者は、解決策を早急に決めるのではなく、まずはリュウがどんな子どもなのかを話し合おうと提案した。それから、リュウの入園以来の様子が語られたり、家族のことが語られたり、造形作品や描画がテーブル一面に並べられたりした。そして、リュウについての話し合いは長時間に及んだ。

当時、筆者は描画にとくに関心を抱いていたので、リュウの描画作品に非常に意味深いメッセージが込められていることに気づいた。たしかに、描画作品からは発達の遅れを感じさせた。けれども、それ以上に、人物描画の変容プロセスに非常に意味深いメッセージが込められていることが見て取れたのである。それは、リュウが少しずつ、暗い色調から明彩色を用いて人物を描くようになってきたこと、その形態も少しずつ人物とわかるようになってきたこと、人物に動きがみられるようになってきたことなどであった。これらから筆者は、リュウの発達がたしかに遅れているとはいえ、それはわれわれの側の標準化された物差しをとおしての理解にすぎないこと、むしろ作品から、リュウのこころが着実に外界に向かって開かれつつあることを受け取ることが大切と感じた。そして、このようなこころの変容の途上に、先の事態が生じたのではないかと思われた。つまりあの事態は、「いかに生きるのか」という未来志向性をもったテーマにたいして、リュウ自身がみずから納得できる足場を固める、つまりみずからの存在を確認する作業だったのではないかと思われたのである。

変容している（集団に適応しつつある）ということは、こちら側の物差しでは肯定的にみえる事態であっても、リュウにとっては、それは不安を抱えたプロセスでもある。変容途上にあるということは、これまでの安定状態から踏み出していることを意味するからである。保育者の焦りがその不安を増幅させた可能性もある。リュウにとって必要なことは、未来を志向しつつみずからの存在を確認する作業を行なうことであって、われわれにとっては、そのための時空間を保証することが必要になると筆者には確信された。

そこで筆者は、リュウは急に不安定な状態に陥っていること、したがって焦ることはその不安を増幅させることにつながるといった内容を保育者にまず伝えて、それから現場をみることにした。

「うまいところに籠城したものだ」というのが第一印象であった。その場は、正門と教室と勝手口からほぼ等距離の廊下にあった。教室に向かう途中には便所と給食室があった。まさに、「僕はどっちへ行けばいいんや」と訴えているような場所であった。それから筆者は、まずリュウの描画作品を籠城した場の壁に貼って、それにたいするリュウの反応をみながら、一連の描画作品を少しずつ教室の方へと貼って伸ばしていくようにと保育者にアドヴァイスした。これを聞いた保育者の反応は、保育園は園児みんなの場所だからリュウの作品だけで廊下を独占するのはよくないのではないか、というものだった。けれども、「それは、他の園児から文句が出たときに考えることにして、いまはリュウのメッセージにまず応えましょう」との筆者の提案に保育者は応じてくれた。

日を重ねるごとに廊下に貼られる描画作品が増えていった。他の園児は「リュウちゃんの展覧会やな」と言ってむしろ楽しんでいる様子で、それにたいする不満が表明されることはなかった。そしてリュウは、籠城の場を描画作品の伸長に沿って移動させていった。それは、保育園という場とのかかわり合いのなかで、みずからの存在をリュウが体験的に確認していったプロセスでもあったと思われる。リュウの表情から硬さがとれてきたことからもそれがうかがえた。そうして、リュウは徐々に教室へと近づいていった。

ここで、意味深いことが起こった。籠城の場の移行途中、数日間、リュウが給食室へ籠るという事態が生じたのである。そこの調理師は母性豊かな中年の女性で、リュウは終日、調理師と話をしたりしながら過ごしていたらしい。どんなふうに過ごしていたのかは調理師も詳しくは語らず、わからなかった。保育者には、そのことを強いて聞き出そうとしないようにと伝えて、われわれはリュウの変化を待った。

この保育園は、家庭からご飯を持参してもらい、おかずを給食室で作るという体制になっていた。昼食時には、持ち回りで各クラスの代表が給食室におかずとお茶を担任と一緒に取りに来る。つまり、給食室は保育園全体の結節点であり、かつエネルギーの供給源であったのである。この場にリュウが籠城したことの意味は、保育者にもよく了解できたようである。筆者は、リュウを見守る保育者のまなざしがゆったりとしてきたのを感じていた。まさにここで、リュウはエネルギーを補給していったと言うことができるであろう。この給食室での数日間を終えてほどなく、リュウは他の園児に迎えられるように教室に戻っていった。リュウが給食室に籠城した数日間、調理師が実に生き生きとして楽しそうだったことが、のちの事例検討会で報告された。おそらく、両者にとっても意味深い人間関係の体験であったと推察される。

以上、簡潔にまとめたので、リュウがスムースに集団に適応していったと思われるかもしれないが、そのプロセスは本当に大変であった。保育者からさまざまな不安が筆者に語られることもあったが、実に辛抱強くリュウを見守ってくれた。この姿勢が、保育園全体の雰囲気を変えたとすら思われた。

●個性を育む姿勢

さて、本事例からは多くの意味深い知恵を学ぶことができると思われるが、本論の趣旨に沿って筆者の見解を端的に述べると、リュウにはリュウなりの発達のペースがある、ということに尽きる。たしかに、リュウは発達の遅れを指摘されていた。集団不適応でもあった。しかしそれは、通常の発達からみた場合、つまりわれわれの側の発達観からみた場合の意味づけにすぎない。ようやく集団になじみ始めたリュウの突発的な行動は、保育者にとってはまったく了解できない事態であった。また、就学を控えていることからして、いっそう不安を高める事態でもあった。

事例検討会での筆者の提案は、リュウが保育園で「いかに生きてきたのか」を確認し、それにもとづいて「いかに生きるのか」という視点からリュウに対応していこうとするものであった。それは、リュウを知ろうとする姿勢から始まる。「来年からは小学校へ行くんだから、早くみんなと同じようにできるようにならないといけませんよ」といったことばをリュウに伝えてみても、何の意味もない。極端に言えば、こちらの不安を投げかけているだけにすぎない。こちらの物差しでリュウを測るのでも、こちらの枠にはめ込むのでもなく、まずはリュウを知ろうとする姿勢が大切であったと思われる。保育者のこのような姿勢の変化は、確実にリュウに伝わったと筆者は思う。

長時間の話し合いで、リュウのすべてがわかったわけではない。そもそも、どんな場合でも、すべてを知ることなど不可能である。また、リュウの行動にたいして筆者が受け取ったメッセージやわれわれがリュウにたいしてとった対応が正しかったかどうかもわからない。そのことの正否は問題ではないと言ってよい。もっとも大切なことは、担任をはじめ保育者の姿勢が変わった、ということである。姿勢が変われば、リュウにたいする見方も変わる。発達が遅れていて集団不適応であるといったこれまでの見方から、リュウそのものをみつめようという見方に変わった。それは、リュウの個性を育むことにつながる。すなわち、われわれの側の物差しで園児を把握することから、リュウの個性を育もうとする姿勢に変わったのである。そのことがきわめて重要であったと考えられる。生きる視点から発達をみるということは、子どもの個性を育もうとする姿勢をもつことである。

ここで、このような姿勢をもつことは、必然的に現実との葛藤を産むことをも付言しておかねばならない。個性を育むためには見守る時間が必要である。リュウの場合もそうであった。しかし一方で、就学年齢という現実がある。見守るということは、この現実との葛藤を保育者が抱えるということでもあった。それは、本当に大変な作業であった。

筆者は、「いかに生きるのか」というテーマから子どもにかかわるとき、このような現実との葛藤を抱える作業は不可欠であると考えている。葛藤を抱えながら、このテーマへの答えを子どもが見出していくプロセスを見守ること、そこから子どもの個性が磨かれていくのではないだろうか。

以上、保育園での取り組みの一端を事例として紹介し、生きる視点から発達をみるということについて述べてきた。また、この事例は学校教育を考える場合にも多くの示唆を与えてくれるのではないかと思われる。たとえば、給食室に籠城したリュウから、不登校の子どもがいわゆる「保健室登校」を始める姿を見て取ることもできるであろう。保健室でときを過ごす体験が当の子どもにとってどのような意味をもつのか、その答えは方法論ではみえてこない。生きる視点から発達をみるときにはじめて、子どものメッセージを受け取る姿勢がもたらされるのではないだろうか。先述したが、もちろん正解があるわけではない。しかし、このような子どもにたいする姿勢の変化は、子どもの個性を育むことにつながる。そしてそれは、先述したように現実との葛藤を抱えるきわめてエネルギーを必要とする作業なのである。

子どもにたいする姿勢が変わるということは、本当に大変なことである。このことを、次に事例を紹介しながら考えてみたい。

2　障害と発達

●ジンと母親の事例

筆者はかつて、ある身体障害者施設に心理面からのスーパーヴァイザーとしてかかわっていたことがあった。そこには、実にさまざまな身体障害を生きる人たちが通っていた。その施設のなかに、身体障害を生きる子どもとその母親のための相談室があった。週に数回、数名の母子が来室する。昼食をはさんで数時間、子どもにはプレイルームで専門の指導員が一対一でかかわり、その間、母親にたいしては別室にてグループカウンセリングが行なわれていた。筆者はその相談室で働く指導員のスーパーヴァイザーという位置づけで、ときにはプレイルームで子どもと指導員にかかわり、ときには母親のグループカウンセリングの場に同席したりと、かなり自由な立場でかかわっていた。母子が帰ってからは、その日のかかわりについて検討会がもたれていた。この施設で筆者はジン（仮名）とその母親に出会うことになった。以下に述べるのは、ジンと母親との約二年間の経過を、母親の姿勢を中心にまとめたものである。

ジンは生後一か月で化膿性髄膜炎による後遺症が認められ、加えて脳性麻痺、てんかん、視覚障害（全盲）という最重度の障害を抱えていた。母親にとっては、はじめて授かった男の子であった。ジンと母親が来所したのは、ジンが二歳のときであった。そのときの母子の姿を筆者はいまもって忘れることはできない。

ジンと母親がはじめて来所した日、玄関口で指導員が、「おはようございます」と元気に声をかけて母子を迎えようとしていた。それにたいして母親は、ジンを両腕にしっかりと抱きながら、まったくの無言で、刺すような冷めた視線をわれわれに向けてきた。それは、母子が存在ごと氷塊化してしまったかのような姿であった。氷塊から冷めた視線が投げかけられている。ジンを授かってからの二年間の過酷な体験が、さながら母子を凍りつかせてしまったようであった。そこから、われわれにメッセージが投げかけられている、筆者はこのように感じた。

相談室に案内され、ここでのシステムの説明を母親は淡々とした姿勢で黙々と受け、それからプレイルームでジンを降ろした。ジンはまだ未定頸で、ほとんど動かない。刺激にたいする反応性がきわめて乏しい。そんな母子に、「われわれはこの母子にいったい何ができるというのか」という強い思いを抱いた。無力感に満たされていたと言ってもよいだろう。

以来、ジンと母親は週に三回、通ってきた。そして毎回、型どおりのメニューをこなして帰っていった。母親の姿勢は、他者をほとんどまったく寄せつけなかった。グループカウンセリングでもほとんど無言であった。帰りには、ジンに機能回復のためのボイタ法の訓練をするのであるが、痛みに泣き叫ぶジンの声がプレイルームに響きわたっても、母親はストップウオッチを片手に淡々と訓練のメニューをこなしていた。みかねた指導員が「手伝いましょうか」と近寄ったところ、「ほっといて下さい！」との痛烈なことばが返ってきたこともあった。

母子が帰った後の検討会では、きまってジンと母親のことが話題になった。しかし、どうしてよいのか具体策は誰にも思い浮かばず、毎回重い気持ちを抱いて検討会が終わった。

ジンと母親はバスで約一時間かかる道のりを一回も休むことなく通い続けた。冬にはかなりの積雪をみる地域に住んでいたが、それでも休むことはなかった。約一時間の道のりの途中、周囲の好奇や哀れみの視線を一身に受けながら、毎回その視線に凍りついたようになって通ってくるというイメージを筆者は抱いていた。

母親はときどき、グループカウンセリングの場で、他の母親の話にたいして、「そんなことして何になるんですか」とか、「まわりに文句を言ったところで誰かが何かをしてくれるわけでもない」と吐き捨てるように語って、周囲との同調を拒むことがあった。カウンセラーも対応に苦慮していた。カウンセラーのヒューマニスティックな態度は、この母親のかたくなな姿勢をますます強固にさせるだけであった。

筆者には、ジンの母親はわが子の障害をみずからの内に一身に受け入れていこうとしており、そのために他者との交流がうまくいかなくなっている、と思われた。そして、じっくりと母親の語りを聴き、見守るようにとカウンセラーに傾聴を促していた。しかし、母親の姿勢は堅く、容易に他者を受け入れなかった。

障害をみずからの体験として受け入れようとする姿勢は、ときに周囲との摩擦を生じさせる。心的エネルギーを内界へと向けているため、周囲からのかかわりに気持ちを向ける余裕がないとも言える。また、福祉体制に不満をぶつける母親も多いが、ジンの母親はこのように外界に心的エネルギーを向ける母親とは折り合えなかったのである。

そしてあるとき、グループカウンセリングの場で次のようなことが起こった。他の母親が子どもを保育園に入園させるかどうかの相談をしていたところ、それを聞いていたジンの母親が、「あなたのところはまだましよ、そんなことで悩むなんて。私の子はまったく動けもしないし、保育園なんてとんでもない。そんなん、悩みのうちに入らないわ」と語気強くその母親の話をさえぎったのであった。そして母親は、ジンについて、「こんな子がいたって何の意味があるっていうの。幸せな人生を送れるわけでもないし、ましてや結婚なんてできやしない。こんな子、いない方がいい。殺してしまいたい」とさらりと語ったのである。カウンセラーが即座に、「そんなことを言ってはいけない」と応じたところ、それにたいし、「先生にはこんな子をもった親の気持ちなんてわからないんや、だからそんなことが言えるんや」と、語気をあらげてカウンセラーの言葉を否定したのである。そして、誰も何も言えなくなった。

その日の検討会では、ジンの母親にたいする否定的意見が大勢を占めた。誤解を招かないように付言しておくが、この施設の指導員たちは、ジンの母親のことばほどではないにしても、子どもの成長にたいして冷淡な母親のことばを数多く聞かされてきている。たとえば、「お母さん、○○ちゃんね、今日ちょっと歩けたのよ」と話す指導員にたいし、「そうですか、でもね、普通に歩けるわけではないしね」といった類の母親の返答は日常と言ってよいだろう。子どもの成長という事実にたいして、母親のこころには、わが子はどんなに頑張っても、いわゆる健常にはならないという否定的子ども像が刻印されているのである。障害をもつ子どもの成長を母親が受け入れていくには時間がかかることを、指導員たちはよく知っている。その指導員ですら、ジンの母親にたいしては否定的になっていたのである。

ジンの母親の歩みは、受け入れがたいものとの直面を余儀なくさせた。母親にとっては、それは子どもの障害であった。「殺してしまいたい」とのことばは、そうした体験のなかから出てきたものであろう。排除してしまえるものなら排除してしまいたいという悲痛なうめき声さえ、このことばから聴くことができる。筆者は、母親のこのことばを不道徳であると否定することはできなかった。われわれだって受け入れがたいものとの直面を避け、それを排除したりこころの深層で殺してしまっていることがあるのではなかろうか。このような思いをもって，筆者は指導員に次のように話した。「ジンの母親が休むことなく通所していることには，本当に深い意味があると思う。最重度の身体障害のジンを抱えながら，かなりの距離をバスに乗って往復する道のりは，母親にとって相当に過酷な体験だろうと思う。世間の好奇な目，気休めの言葉，そうしたものに曝されながら，ジンの母親は自分が障害をもつ子どもを授かったことの意味を考え続けているのではないか。でなければ，通うことなどできないだろう。休まず通ってくることそれ自体が，ジンと母親にとってはかりしれないほど大きな，かけがえのない意味をもっているし，そこに母親の変容の可能性が感じられると思う。だから，ジンと母親を相談室ごと抱えるつもりで，この母子を見守ろう」。

当時筆者は，この相談室がいくぶんヒューマニズムやセンチメンタリズムに動かされているとの印象を抱いていた。そして，ジンと母親はそうした相談室の雰囲気を感じ取り，それを超えたところにある何らかの力を体得しようとしているのではないか，そのために休むことなく通っているのではないかとすら考えていた。言い換えれば，われわれもジンや母親と同じように，かけがえのない時間を体験しているのではないかと感じていたのである。

さて，ジンと母親を見守りながらの長い時間は一見何の変化もみせずに進んだ。母親の姿勢は容易には変わらなかった。人とのかかわりにおいては，なすべき何かがあることの方がまだしも楽である。そこにエネルギーを注ぐことができるからである。具体的に何もせずに見守ることの方がはるかにむずかしい。しかし，二年あまり経ったころ，ジンと母親は少しずつ変化してきた。ジンはジンなりに身体面での発達がみられるようになってきた。母親とわれわれとの間には、わずかではあるが柔らかな関係がもてるようになってきた。たとえば、ジンのボイタ法の訓練の補助を指導員にまかせる母親の姿がみられるようになってきたのである。

そしてある朝、母親は、はじめて来所してきたときと同じ玄関口に立って、ジンを抱きながら次のように語ったのである。「先生、やっとわかりました。ジンがいて私がいるんですね。そして、私がいてジンがいるんですね」。われわれは深い感激とともにこのことばをかみしめた。その姿はまるで、イエスを抱く聖母マリアのようにすら、筆者にはみえた。

一見、何気ないように聞こえるジンの母親のこのことばには、最重度の身体障害をもつジンを自分との関係のなかに受け入れることができた母親の想いが込められている。すなわち、ジンがいなければいまの母親は存在しない、母親がいなければいまのジンは存在しない、ということ、母親がジンとの関係性のもとにみずからが生きる意味を体験として確かめることができたことを、母親は語っていると筆者には思われるのである。

母親の姿勢は大きく変わった。明るさを取り戻し、豊かな表情で子どもや指導員たちと接することができるようになった。実に大きな変化である。しかしそれは一つの通過点にすぎない。その後、保育園や小学校という現実との関係のなかで、母親は、ジンとともに「いかに生きるのか」というテーマと取り組むことになっていった。それは、先述したように、現実との葛藤を抱えながら歩むプロセスであった。筆者はあらためて、このテーマが生涯をかけて取り組むものであることをジンと母親の生きるプロセスから教えられた。

●生きる意味

そもそも，「いかに生きるのか」というテーマに取り組むことは，いかに苦しくとも個人がみずからの人生と正面から向き合うことを意味する。そして心理療法家は，そのような個人の語りに耳を傾けるのである。けれども，それがいかに過酷なことであるかを，ジンと母親の事例は語ってくれている。

ジンの母親の場合，最重度の身体障害のジンを授かったという事実は生涯消えない。そこから逃れることはできないのである。このことは，第2章で述べた「抗いようのない力」の侵襲と捉えることができる。はじめての妊娠。母親が幸福な人生設計を思い描いたとしても不思議はない。しかし，ジンとの出会い以降，思い描いた幸福な人生設計は完全に崩壊した。母親は，わが子ジンが身体障害を抱えているという事実を背負って生きていかねばならない。そこに母親の深い苦悩がある。こうした現実の「事実」をみずからの「体験」としていかに受け入れていくのか，そのプロセスをクライエントとともにするのが心理療法家である，と筆者は考えている。

ヒルマンは，世界にたいする特別なものの見方を意味する「たましい」(soul) ということばを用いて次のように述べている。

われわれの人生は心理的過程であり、人生の目的は生きることをとおしてこころを創造することである。それは、人生とたましいとの間のつながりを見出すことである（ヒルマン　一九七五）[2]。

心理的過程というのは、もろもろの事象から心理学を築くことではなく、もろもろの事象をとおしてこころを創造していくことである。すなわちそれは、ソウル・メイキングである（ヒルマン　一九七五）[3]。

このようにみると、ジンの母親はまさしくソウル・メイキングのプロセスを歩んだと言えるのではないか。ジンが生きる意味、母親が生きる意味、それはジンと母親との関係性をとおして確かめられていった。そして母親は、ジンの身体障害という事実をみずからの体験としてこころのなかに創造していったのである。この事例から筆者は、先述したセンチメンタリズムやヒューマニズムを超えたところにある力こそ「たましい」と呼べるものではないか、そして母親は、ヒルマンが述べるように、まさしく「人生とたましいとの間のつながりを見出」したのではないかと考えている。このような事例に出会うとき、従来の発達心理学的見方がいかに無力かを思い知るのは筆者だけであろうか。

ところで、ジンの母親がどんなに頑張ろうとも、そしてわれわれがどんなに頑張ろうとも、ジンはいわゆる健常にはならない。身体障害がなくなることはないし、いわゆる健常な発達プロセスを歩むこともないのである。身体障害の子を抱える母親とかかわっていると，このような事実が相当に深く母親のこころに刻印されていることを思い知らされることが多い。

しかし，身体障害はなくならないとしても，その子どもとの関係は変容する。本事例はそのことを如実に語っている。関係の変容は，かけがえのない時間の積み重ねのなかで，目にみえない母親の体験の積み重ねをとおしてもたらされてくる。それは，「いかに生きるのか」を模索するプロセスの一つの帰結としての「生きる意味」の感得である。ここで付言しておかねばならないのは，母親は関係の変容を目的としてジンにかかわってきたのではない，ということである。このことは，「いかに生きるのか」というテーマに取り組めばかならず人間関係が変容するわけではないことを意味している。母親の変容，関係の変容は一つの結果であって，そうした変容がもたらされない場合も多いのである。

さて，ここではジンと母親の事例をおもに母親の変容の視点から取り上げてきたが，ここで障害をもつ子どもについても若干述べておきたい。希望的見方でも楽観的見方でもなく，人間は心身ともにつねに成長の可能性をもっている。それは心身の障害の有無にかかわらない。障害をなくすことができればこんなに喜ばしいことはないが，なくすことが困難な，あるいはなくせない障害を抱えている場合もある。しかし，彼らは変容する。障害をもつ子の変容は，目にみえる結果としては遅々たる歩みであったり，あるいは目にみえる結果として現われない場合があったりする。外面の変容と内的な変容とがかならずしも歩調を合わせるわけではない。けれども，そこには障害をもって変容するというまぎれもない事実が存在するのであって、「生きる意味」はそうしたプロセスからもたらされてくるのであると筆者は考える。

ここでは身体障害を例に挙げたが、障害が心理的なものであっても、障害をなくすことそれ自体ではなく、障害をもって変容することにも大きな意味があることをわれわれは知る必要があると言えるのではないだろうか。少なくとも、心理療法家をはじめ人間にかかわる仕事に携わる者であれば、こうした見方が必要であると筆者は考えている。そして、このようにみると、われわれはあまりにも目にみえる世界にこころを奪われすぎているのではないかと感じられてくる。

先にソウル・メイキングという考え方を取り上げたが、ソウル・メイキングなどということは、これまでの当人の人生の歴史にはなかった特別なことであり、実に多くの困難をともなうプロセスである。ジンと母親の事例もそれを語っている。河合はソウル・メイキングについて、「それはわれわれが一生をかけてつくるものであり、……この世のことには何の役にも立たないことでありながら、その人の存在を深みにおいて支えるものである(4)」と述べているが、ジンの母親の歩みを振り返るとき、実に意味深い指摘であると言える。

また河合のことばを換言すれば、こうした作業は現代人すべてにとってのテーマであるとも言えるのではないか。われわれはともすれば受け入れがたいものから目を背けたり、それを排除したり忘れ去ろうとしたりする。極端な場合にはそれを葬り去ろうとしたりもする。現代において、障害をもつ子を殺害する悲惨な事件が起きていることを、われわれは他人事として忘れ去ってはならない。

3　発達ということ

●発達と時間

本章冒頭に述べた、子どもの生きる速度が速すぎるという印象はいまなお筆者に強い。先述した二つの事例にすでに含意されているが、人間が変わるということ、変容するということは、ある意味で途方もないことなのである。心理療法家として、筆者はそう思う。

たしかに、人間はすべからく外的・内的に変容可能性をもっている。外的な変容として身体発達を取り上げると、多くの発達心理学者の指摘を待つまでもなく、人間はたしかに変容する。それを発達とか成長・成熟などと呼ぶわけである。しかし、そのことをわれわれはあまりに当たり前のこととして捉えてはいないだろうか。たとえば、人間は生後一年あまりを経て、初語や独歩が可能になる。通常ではそうであろう。しかし、そのことを当たり前と捉えてしまうと、人間には個人差があるということが忘れ去られてしまう。そして、生後約一年で初語や独歩がみられない場合、発達が遅れているなどと捉えることになってしまう。これは、第3章で詳述した排除の構造そのものである。そして、なんとか通常の発達に戻そうという試みがなされる。そうした人間の行為を否定する気持ちは筆者には毛頭ない。その行為によって、通常の発達を取り戻す子どもも多くいる。けれども、少なくともそうした行為は、筆者が考える心理療法や教育とは異なる。この点については、第II部で詳述することとして、ここでは発達と時間について考えてみたい。

筆者は、現代人があまりにも可視の世界、現実の時間（クロノス）に固執しすぎているのではないかと考えている。先述したジンと母親の事例について言えば、どんなことがあっても通常の発達に戻らないジンには心理療法や教育の可能性はないのであろうか。事例にみられたように、そこには身体障害を生きるジンと母親との関係の変容プロセスがあった。しかし、ジンの身体障害はなくなっていない。たしかに、可視の世界ではジンの身体障害はなくならない。しかし、ジンの存在が母親を変容へと導いたことは、疑いない。このような事実に出会うとき、ジンの身体障害についての捉え直しが必要ではなかろうかと思われるのである。

ジンを通常の発達から遅れていると考える見方は、身体障害を否定的に捉えることにつながる。それは、先述したように排除の構造を産む。これにたいし、ジンと母親の事例からわれわれが学ぶ知恵は、ジンは母親の内的世界を変容させる珠玉の存在であるという捉え方である。それは、ジンの身体障害を否定的に捉える見方からわれわれを解放する。このように述べることで、筆者はジンの身体障害を肯定的にみているわけではない。ジンの身体障害がなくなったら、どんなに素晴らしいことであろうか。素朴にそう思う。しかし、否定・肯定の二分法での議論は、結局は排除の構造を産むことにつながるだけである。筆者は、ジンの身体障害を正面から見据えることが必要であると考える。それは、否定・肯定の二分法を超えて、ジンが身体障害を生きる意味の探求へとわれわれを導いてくれる。ここにこそ、心理療法や教育の本質があるのではないかとすら、筆者は考えている。そして、そのためには、事例にもみられたようにクロノスではなく、内的時間としてのカイロスが必要となる。それは、不可視の世界における時間である。母親の内的時間である。変容の時間と言ってもよいだろう。

先に、現代人があまりに可視の世界、クロノスに固執しすぎていると述べたのは、このような不可視の世界、カイロスの重要性を軽んじる傾向が現代人には強いのではないかと感じるからである。そして、何よりクライエントが不可視の世界に生きるカイロスの必要性を訴えるからである。

このようにみると、人間の発達をカイロスから捉える見方も必要ではないかと思われる。それはまた、人間の個性ということともつながるであろう。クロノスに固執するあまり、子どもの個性を殺してしまう事態を、子どもをめぐる現状に見て取ることができるからである。

人間は個々が異なる存在である。このことは、個々がそれぞれのカイロスを生きる存在であることをも意味している。子どもの教育に携わる者は、こうした考えを明確にもっていなければならないと筆者は考える。

これまでの発達心理学は、クロノスとしての時間を基軸にする傾向が強すぎたのではないか。このことは、発達心理学の知見を用いるわれわれの側の問題であったとも言えよう。直線的発達段階論が通常の人間の発達として捉えられたとき、「いかに生きるのか」という次元での人間の変容はクロノスに支配されたものとなり、内的成熟の時間としてのカイロスがないがしろにされてきたと考えられる。それは、個性を尊重する方向性ではなく排除の構造を産む方向性をもっている。筆者は、「いかに生きるのか」をテーマとして人間にかかわるとき、直線的発達段階論ではなく、その当人が抱えている外的・内的テーマ（それを障害なり症状と呼ぶことが多いが）が、当人をめぐる現実との関連のなかで、いかに変容していくのかという、テーマを体験として生きる発達論的見方が必要ではないかと考える。先述したソウル・メイキングはその考え方の一つと言うことができる。このような発達論的見方を「包摂的発達論」と呼ぶことにしたい。それは、可視の世界の現実（クロノス）と不可視の世界の現実（カイロス）をともに包摂して「いかに生きるのか」のテーマに取り組むという意味での発達論である。そして、そのためにはまず、われわれの側の人間にたいする見方が問題にされねばならないと筆者は考える。

●人間にたいする見方

先に保育園での事例を述べたが、その保育園では、ある時期、「標準発達段階表」と呼ばれる子どもの各発達段階でのテーマをまとめる作業が行なわれていた。それは、保育者が多くの心理学書・保育書などから、年齢発達課題として共通する記載を抽出して、それを一つの表にまとめあげるという作業であった。そして、その表を基にして子どもの保育に携わろうと保育者は意図していた。筆者は、それも大切な作業であると判断して保育者の作業を見守っていた。それは、通常の発達を確認しておくことも必要であるという考えからの判断であった。

一年あまりを経て，「標準発達段階表」は完成した。それはいまも筆者の手元にあるが，実に丹念に調べられたもので，そこから保育者の情熱が伝わってくる観がある。その保育園のバイブルとでも呼べるものである。当時の筆者の判断は間違いではなかった，と現在も考えている。というのは，このような通常の発達段階を知識として理解しておくプロセスは，子どもの教育に携わる者には必要だからである。先述した「包摂的発達論」の立場からすれば，可視の世界の現実（クロノス）を知識として理解しておかなければ，包摂することはできないからである。

そして，この表を基にした保育の実践が始まったのであるが，実に意味深いことに，ほどなく保育者はこの表にもとづくことをやめてしまったのである。表に問題があったわけではない。「子どもはやはり一人一人が異なる存在です」と，ある保育者が語ったことばに，この事態の意味が収斂されていると思われる。保育者の目は，表にもとづいた通常をみるのではなく，実際の生きる子ども一人一人の個性を見つめようとする目に変わっていったのである。筆者は，この事態を本当に意味深いこととして受けとめた。

おそらく，「標準発達段階表」を作成する作業のプロセスがなければ，保育者の目は子どもの通常をみようと固執し続けたであろう。このプロセスがあったからこそ，子どもの個性をみつめようとする見方への変化が生じたと筆者は考えている。

現在，この保育園は，筆者が呼ぶ「包摂的発達論」に沿って，子どもの現実と個性を包摂して子どもの発達を考えようとしている，と筆者には思われる。現実という可視の世界を子どもや保護者とともに生きながら、そこから子どもの個性を生かそうとしている。さながら、保育園全体が大いなる葛藤を生きようとしているかのようである。

おわりに

二つの事例をとおして、生きる視点からみた発達観について論じてきた。それは、現代の時代性を射程に入れたとき、従来の発達観の捉え直しが必要ではないかという意図からであった。筆者は、従来の直線的発達段階論を否定しているのではない。ただ、そのような論では、「いかに生きるのか」という現代人のテーマに取り組んでいくことが困難な場合があることも、確かなのである。これまで述べてきた事例は、そのことを何よりも語ってくれている。

また、従来の発達論に固執することは、現代人が抱える影を先鋭化させる危険性をも秘めていると筆者は考えている。この点については本章の後半に具体的に述べたが、「いかに生きるのか」というテーマに取り組むためには、人間を第三者的・観察者的立場からみるのではなく、その人間の生きる営みのなかに自身を入れ込んでいかなくてはならない。それは、人間を操作的に扱ったり、概念化することとは異なる作業なのである。こうした意味での従来の発達論の捉え直しが必要ではないか、と筆者は考える。

このことと関連して、知的障害を生きる子どもの満面の笑みをみた藤原は、このような笑顔を人間がみせるのは、いつごろだろうと考え、「この子は数歳にして、すでに自分よりもはるかに齢を重ねた人生を生きて悟りの境地にある」と感じたと言うが、(5)筆者もこのような捉え方にまったく賛成である。このような捉え方を、筆者は「生きる視点からみた発達観」と呼んでいる。

第5章　現代を生きるということ

はじめに

第1章で、筆者は、近代社会における制度としてのイニシエーション儀礼の消滅は、「いかに生きるのか」というテーマの誕生を意味すると論じた。またそれは、青年期にかぎったことではなく、創造性の探求という意味で、現代を生きるわれわれすべてにとってのテーマであると指摘した。

それでは、現代を生きる個々は、どのようなイニシエーション体験をし、創造性探求の道を歩むのであろうか。本章では、第Ⅰ部の総括と第Ⅱ部への橋渡しとして、このような観点から現代人が生きるということについて考察することにしたい。

1　現代のイニシエーション

●匠と家族

一九九七年、一月九日の朝日新聞に、「あした天気に」と題した記事が掲載されていた。それは、匠《たくみ》（仮名）が両親や周囲の人びととのかかわり合いをとおして、みずからの「生きる倫理」を見出していこうとする姿を描写したものであった。以下はその記事からの要約である。(1)

匠は両親との三人家族。幼少期から人見知りが強く、来訪者があるといつも母親の足にしがみつくような子どもであった。就学後も目立たず、いじめられがちであったが、三年時に「空手を習いたい」と母親に宣言し、それ以降は引っ込み思案な様子が消えていった。しかし、中学生になると匠は、「最低限のモラルは守りなさい」「あの人を見習いなさい」などと、母親から価値観を押しつけられるようになる。そんな母親の押しつける価値観を煩わしいと感じていた匠は、二年生の冬、バイクを無免許で運転し、警察に保護されることになった。

父親はこんな母と息子をみながら、次のように思っていたという。「逃れられない苦難と戦った先に、人の心に響く力強さと優しさを持つ自分が生まれる。匠は戦っていない」。そして父親は、みずからが匠の年齢だったころ、音楽に魅せられた自身に思いを馳せる。そのプロセスをとおして、「もがく匠が自分に戻るひとときを与えたかった」という思いから、高校受験を控えた匠にギターを買い与えたのである。

ギターに魅せられた匠は、高校入学後、バンドをつくり音楽に熱中した。そのため、一年生で留年が決定。そして匠は、ギターで生きていきたいと両親に宣言したのである。母親の猛反対にたいし、父親は、「お前のはポーズでしかない。態度で示せ」と匠に怒鳴った。

その一年後、匠はアルバイトで貯金したお金を両親に差し出し、一人暮らしをしたいと告げたのである。父親はそんな匠の申し出を受け、匠は高校を中退し一人暮らしを始めることになった。昼間は店先を借りてキーホルダーや指輪などの装飾品を屋台で売り、夜はスタジオでギターの練習を続けた。

まもなく匠は、安全ピンで唇を刺し、銀色のピアスをする。「音楽で生きていく。そんな十六歳の決意を誓う、たった一人の儀式のつもりだった」。

母親は、匠と離れてこころが少しつながったと感じるようになる。二人で祖母を訪ねたとき、ピアスをはずしなさいと文句を言う祖母のことばを神妙に聞いていた匠は、祖母が中座したとき、「おばあちゃん、体も細くなってかわいそうやな」とつぶやき、それを聞いた母親は胸を熱くする。

匠は、屋台で出会うホームレスの中年や、独居老人らの飾らない話をとおして、ありのままの自分を出せるようになっていく。「恋だ愛だというのでなく、自分の生き方を素直に投影した意味のある歌詞がいい」。そして匠は、父親が若かったころに傾倒した音楽を聴くようになっていったのである。

●若者のイニシエーション

この記事を読んで筆者がまず思ったのは、匠が唇にピアスをしたのは、両親と離れてみずからの価値観で生きていこうとするイニシエーションに他ならない、ということであった。そのことは、匠自身の語りに見て取れる。

最近は、唇にピアスをする若者をみることは、さほど稀なことではない。しかし、匠はそうした若者の流行を追ったのではない。それは、みずからの「生きる倫理」を貫くための、一つの決意表明だったのである。このことに、筆者は強くこころを動かされた。

幼少期から人見知りが強く、いじめられがちな匠の内界がどのようなものであったのかは、筆者には知る由もない。しかし、強くなりたいという気持ちをこころに宿していたことは、「空手を習いたい」とのことばからうかがうことができる。子どもなりに必死に考えた一つの決意だったのだろう。しかしそれは、真に強くなることにはつながらなかった。非行化傾向をみせた匠は、警察に保護されることになる。この事態は、母親の押しつける価値観・世間の要求する価値観とは違う生き方をするというみずからの宣言ともみることができる。けれどもそれは、現実に背を向ける姿でもある。真に強くなるためには、現実との相剋のなかで格闘することが必要なのである。

このような匠の動きは、みずからが「生きる論理」を見出していこうとする、イニシエーションのあがきではなかったかと思われる。

●家　族

警察に保護されるという事態をきっかけに、父親が匠に大きな影響を与えることになった。この父親の素晴らしいところは、既成の価値観で匠を叱責するのではなく、みずからの価値観でもって匠と向き合っていこうとしたことにある。かりに、父親が自身の過去の苦労を語って諭したところで、匠のこころに父親のことばは届かなかったであろう。匠はみずからが「いかに生きるのか」にもがいていたのであって、父親のことばは既成の価値観の押しつけにしかならなかったであろう。このようなとき、子どもに向き合う親には、自身の価値観が問われる。このようにみると、匠の行動は、父親がみずから自身の生き方を振り返る契機を与えたと考えることができる。この振り返りは、父親にとって現代を生きる一つのイニシエーションではなかったかと思われる。そして、父親は匠にギターを買い与える。

通常ならば、高校受験を控えた子どもにギターを買い与えることは、稀であろう。「合格したら買ってあげる」ということばなら、いくらでも言うことができる。しかしそれは、既成の価値観でしかない。高校受験というクロノスの流れにたいして、匠のカイロスの動きを感じ取った父親の姿勢は、匠にはどのように映ったであろうか。少なくとも、「もがく匠が自分に戻るひとときを与えたかった」という父親のメッセージは、充分に届いていたのではなかろうか。匠が自身と向き合うようになったからである。

母親は、中学生になった匠に既成の価値観を押しつけてきた。そのことに匠は煩わしさを感じたのであるが、この母親の姿勢をわれわれは否定的に捉えてしまってよいのであろうか。筆者は、母親であればこのような姿勢で子どもと向き合うのは、むしろ当然とも思う。たしかに、それは押しつけの姿勢でしかない。しかし、子どもの将来を思う母親の気持ちとしては、自然なことではなかろうか。つまり、母親は現実の体現者としての姿勢を匠に示したのではないかと思われるのである。このような母親の姿勢は匠の非行化傾向を招く。しかし、こうした母親との一見断絶にみえるようなやりとりがあったからこそ、匠に父親と向き合う姿勢ができていったのではないかと考えることができる。

そして母親は、物理的に匠と離れて少しこころがつながったと感じるようになる。ここから、母親と匠がけっして断絶したのではないことを見て取ることができる。このことは、母親にとっても匠にとっても、一つのイニシエーションであったと筆者は考える。祖母を訪ねたときの匠の語りと母親の反応は、真に印象深い。祖母もまた、現実の体現者であった。しかし、祖母の話を神妙に聞いた匠は、祖母をいとおしむことばを語るのである。ここから、イニシエーションをとおして、匠が現実と正面から向き合う強さを獲得しつつある姿をみることができる。屋台でのさまざまな人との出会いからもそれをうかがうことができる。

このようにみると、匠の家族は、全員が現代を生きることの困難さを体験し、イニシエーションをとおして、現代を「生きる倫理」を見出していこうとするプロセスを歩んでいる、と言うことができるのではないか。この意味で、匠は家族を変容させるトリックスターと言えるであろう。

2　生きることと死ぬこと

●ある老人の最期

一九九七年の元旦と三日の朝日新聞に「いのち長き時代に」と題した連載記事が掲載されていた。以下は、それを簡潔にまとめたものである。(2)

十年以上前に妻に先立たれ、一人娘の嫁ぎ先に身を寄せていた六十九歳のある老人は、ほどなく脳梗塞をわずらい、特別養護老人ホームに短期間入所しながらリハビリを続けていた。しかしその後、手の施しようのない癌が発見され、入院となった。

病床の酸素マスクのなかから老人は、懸命にホームに戻りたいと訴えた。その声に、病院とホームとが、「人が自らの意思に沿った死を迎えること」について大激論を戦わせたのである。そして、老人はホームに戻ってくることになった。ホームの人たちに迎えられた老人は、「娘さんが刻んだうなぎを一生懸命に、部屋にいるみんなと一緒に、ご飯を半膳食べて、好きなビールをコップに二杯飲んだ」。その光景を見つめていた理学療法士は、胸をふるわせて次のように語った。

この人、死ぬために戻ってきたんじゃない。……どこで死にたいかということは、どこで生きていたいかということと同じなんだ。(3)

老人がホームに戻ってから、寮母をはじめ老人にかかわる人びとの奮闘が始まった。そして、ホームに戻った十日後、無呼吸状態が間隔をおいて出始めた。夕刻、老人は永眠した。理学療法士は、「人間の本当の死に方を見せてもらっている気がした」と言う。一人娘は涙を溢れさせながら、「ありがとうございました。ここが本当に、父の家でした」と語った。

●死へのイニシエーション

この記事が筆者のこころを強く動かしたのは、この老人と、老人にかかわる多くの人びとが、「生きることは死への道程でもある」という事実としての矛盾を受け入れた姿をそこにみる思いがしたからである。記事のなかに、「人間は生まれた時から〈死〉に向かって歩いているのだという。とすれば、年をとればとるほど、生と死はますます表裏一体になってくるのではないだろうか」(4)とあったが、筆者もまったく同感である。さらに付言すれば、生と死は老若男女を問わず、現代人すべてにとってつねに表裏一体ではないかとの実感が筆者にはある。

生きることは死ぬことであり、死ぬことは生きることである。そして、その境界にイニシエーションがある、と筆者は考えている。この意味で、老人は死へのイニシエーションを歩んだのだと思われる。

物質的豊かさに溢れた現代にあって、多くの人が死を忘れている。正確には、死にともなう悲しみを忘れている、と思われてならない。生きることは死への道程でもあるという事実としての矛盾を受け入れることは、たしかに困難である。しかし、現代においては、第2章でも述べたように、「抗いようのない力」によって、突然、死と向き合わねばならない事態が生じるのである。それはなにも、現代にかぎったことではないかもしれない。しかし、現代のような物質的豊かさを享受している時代は過去にないことを思うと、「抗いようのない力」の侵襲にたいして、思いもよらぬ、まったくの突然という実感を、現代人は強く抱くのではないだろうか。そのような事態に、われわれはいかに向き合っていけるのであろうか。

この老人の死はそうしたことすら連想させる。高齢化の現代において、「いかに生きるのか」はまさに「いかに死ぬのか」と同じテーマなのである。

●老いの知恵

筆者は、この老人が、理学療法士をはじめ多くの人びとに大いなる知恵を授ける姿を感じる。それは、上述した理学療法士のことばからも見て取ることができる。しかし、何も老人は知恵を授けようと意図したわけではない。生きる姿・死にゆく姿そのものが知恵だったのである。

老いを「いかに生きるのか」は、現代にとって切実なテーマである。多くの人がこのテーマに取り組み、そして苦しんでいる。この記事は、二分法を超えたところの、老いを生きる意味深い知恵を与えてくれるものであった。「われわれの人生そのものが、ひとつの創造過程である」との河合のことばが[5]、いっそうの深みをもって響いてくる。

また河合は、アイヌの人たちは、老人性痴呆を「神用語」ということばで捉えると述べている。つまり、「アイヌの人たちは、老人の言うことがだんだんとわかりにくくなると、老人が神の世界に近づいていくので、〈神用語〉を話すようになり、そのために、一般の人間にはわからなくなるのだと考える」のである[6]。神のことばを語るのであるから、われわれ凡人にはわからなくて当たり前である。それを、老人性痴呆と捉えるか、老人の生き方という視点から「神用語」を話していると捉えるか。筆者は、後者に現代を生きる知恵を感じるのである。

おわりに

第I部では、心理療法の実践を積み重ねることをとおしてもたらされた、「いかに生きるのか」という現代人が抱えるテーマについて、社会における人間の営みとの関連で論じてきた。またそれは、筆者が考える臨床教育学の理論的基盤を成すものでもあった。

筆者が重要と考え、これまで強調してきたことをきわめて簡潔に述べれば、制度としてのイニシエーション儀礼が消滅した現代においては、個々が現実との相剋のなかでみずからの生き方を見出していかねばならないということであり、それは「いかに生きるのか」というテーマに取り組むことと直結する。そのプロセスのなかで、第1章で指摘した「決断の力」が必要となるのである。

また、個性というものは、このような取り組みをとおして磨かれ、個々の生き方を根底において支えるものになる。しかし、ときにそれは、生死がかかるほどの困難をともなう取り組みになることもあるのである。筆者は、個々の生き方を根底において支える個性を、「いかに生きるのか」というテーマにたいする個々の「生きる倫理」であると考える。そして、第II部で詳述するが、心理療法はクライエントがみずからの「生きる倫理」を見出していく作業であり、このような取り組みのプロセスではイニシエーション体験は不可避であると筆者は考えている。この意味で、第3章、第4章で述べてきた事例を、現代のイニシエーションという観点から考察することもできるであろう。

また、第I部で論じてきたことのなかには、すでに先賢によって指摘されてきたことも含まれているであろう。けれども、筆者は自身のことばで再考する必要性をこれまで感じてきた。先賢の知恵はたしかに多くのことを教えてくれるが、それをそのまま受け入れることは、まさに筆者自身を入れ込まない二分法的見方ではないかとも考えている。そこに筆者の体験を入れ込んで、筆者自身の考える臨床教育学の体系を構築する試みを行なわずに、これまでの知見をいくら並べ立ててみても、所詮は学者の空言にすぎないだろう。

したがって、できるかぎり筆者自身の体験からもたらされてきたことばを用いることをこころがけた。それによって、筆者が臨床教育学をどのように位置づけようとしているのかについては、述べることができたと思っている。第Ⅰ部で論じたことを踏まえて、第Ⅱ部では心理療法について筆者の考えを述べることにしたい。

第Ⅱ部　現代の心理療法

はじめに

第I部において述べたように、現代社会は抑圧の弱い時代にある。このことは、これまで否定的意味が付与されてきたことも一つの価値観になりつつあること、つまり価値観の多様化を意味している。付与された意味は絶対普遍ではなくなってきた、そういう時代にわれわれは生きている。そして、この時代性によって、「いかに生きるのか」が現代人にとってきわめて重要なテーマになってきたのである。

心理療法もこのような時代性の影響のもとにある。時代との相対性のなかに心理療法の実践があるからである。したがって、現代の心理療法について論じる際には、時代性を視野に入れる必要がある。現代における心理療法とは何なのだろうか。「いかに生きるのか」という現代人が抱えるテーマに、心理療法はいかに応えていけるのであろうか。このことは、近代科学の申し子であるすべての心理療法家にとっての課題であると筆者は考えている。

新聞紙上や周囲を散見するだけでも、現代人は実に複雑多様な心理的問題を抱えていることがわかる。それにたいして今日ほど心理療法家の仕事が多くの注目と関心を浴びている時代はない。すなわち、現代社会は心理療法という実践的学問領域の知を必要としているのである。現代では、教育、医療、看護など、人間にかかわる多くの領域から心理療法の知が要請されている。このような状況にあって、現代の心理療法について論じることは必要不可欠なことと思われる。

もとより、心理療法には社会的不適応者や病者にたいして、社会復帰や健康への道を歩むための援助を行なってきたという歴史的経緯がある。したがって、心理療法が時代性と関連することは自明のことと言える。現代における心理療法は「社会的不適応者」なり「病者」といった狭い枠でその対象を限定することはもはやできない。また、このような呼称そのものを用いることにすら疑問を抱く場合も少なくない。

心理療法の実践のなかに身を置いていると、「いかに生きるのか」というテーマを抱えて苦悩している多くのクライエントの姿が目の当たりにされる。このことは、第I部で述べてきた人間の営みの変遷を振り返れば、そして確固たる生き方の規範のない現代にわれわれが生きていることを思えば、筆者には深く納得できる。クライエントは、「いかに生きるのか」を顕在的・潜在的テーマとして抱えながら現代社会に生きている。むろん、過去の心理療法がそうしたテーマを取り扱わなかったというわけではない。上述したように、人間の生き方と社会との関連性は社会学の領域だけでなく、心理療法においても従来から重要なテーマであった。けれども、これまでの心理療法が症状の解消を中心テーマとしてきたことにたいして、現代では、人間と社会との連関のなかで「いかに生きるのか」というテーマが顕在化し、そのテーマに現代人が取り組まねばならなくなってきたのである。

たとえば、家族関係、虐待、いじめ、不登校、非行、恋愛、結婚、離婚、老い、死など、現代人が抱える多くの課題がすぐさま想起される。これらは、どれひとつをとっても一筋縄ではいかない実にむずかしい課題である。また、それぞれは絡まり合いながら全体として、現代人が「いかに生きるのか」というテーマを提起している。そして、このような課題にたいする心理療法家への期待も大きく重くなってきている。

さらに、心身症の増加、各種神経症、境界例、精神病、うつ病などが年齢発達の多くの段階に生じてきており、これらにたいする心理的援助も複雑さとむずかしさを増している。また、ＨＩＶやターミナルケアなど、死と深く関連する問題もみられる。これら諸問題は、上述した現代人が抱える課題と絡まり合い、深刻な様相を呈している。このような問題にたいし、心理療法家は何を成し得るのであろうか。このことについて考えることは、きわめて重要なことであると筆者は考える。それは、「現代における心理療法とは何か」という課題に直結する。

筆者は、臨床体験の始まりから、一貫して「心理療法とは何か」という課題に直面させられてきた。クライエントの語りを聴くことをとおして、ごく自然にこの課題に突き当たったのである。それはおそらく、現代社会のなかで「いかに生きるのか」というテーマをクライエントが顕在的・潜在的に語っていたからであろう。クライエント同様、現代社会に生きる筆者にとって、この課題に取り組むことは本当に苦しいことであった。現在もなおそうである。この時代を生きながら、心理療法・教育分析の体験を積み重ねながら、自身との対話のなかで、筆者は「いかに生きるのか」という視点からみた心理療法について考え続けてきた。その思索はいまだ途上にあり、個人的には、心理療法について論じることはまだ時期尚早であるとの自覚がある。けれども、上述のような現代的状況にあって、心理療法家としての一つの節目として筆者自身の考えを述べておく必要性も強く感じている。

ところで、「心理療法とは何か」という課題について論じることは、そのなかに筆者の個人的体験、価値観、パーソナリティ、人間性、臨床体験などが色濃く染み出してくるものである。それは、筆者という人間存在そのものを背景として語ることにもなる。したがって、この課題にたいして普遍性や一般性をもつ見解を提示するのはほとんど不可能だと言ってよいだろう。この点について成田は、「この問い（心理療法とは何か）に答えることは空恐ろしいことである」と率直な心情を表現し[1]、また河合は、心理療法を「〈定義〉することなど不可能に近い」と述べている[2]。けれども、この課題を自身の心理療法の実践のなかで問い続けることは、すべての心理療法家にとって必要かつ重要なことである。そうでなければ、心理療法家が社会にたいしていかなる貢献をしているのかが曖昧になり、その責任もなおざりにされる危険性を産むであろう。それはすなわち、心理療法家の役割、ひいては心理療法の独自性を危うくすると筆者は考えている。

このような思いで、現代の心理療法について、第I部での論述を踏まえながら論じることにしたい。したがって、第II部の論述は、「心理療法とは何か」という課題に筆者なりの答えを見出すための出発点に位置づけられるものである。けっして帰着点ではない。第6章では、「ことば」を鍵概念として、人間の営みと現代の心理療法について、第7章では、筆者が考える心理療法について、それぞれ論じる。この二章は、第8章の序論となるものでもある。第8章は事例研究である。事例をとおして、現代の心理療法について、これまでの論述を踏まえて具体的に考察することにする。第9章は、筆者がこれまで取り組んできたテーマである風景構成法について、心理療法の観点から考察する。

第6章　人間の営みと心理療法

1　ことばのない世界

●はじめに

「ことばのない世界」とは、第I部でも若干ふれたが、「区切る」ということのない世界、それがそれそのものとしてある世界である。この世界とは、どのようなものであろう。ことばがないのであるから、もちろん「世界」ということばすらないわけであり、そもそも概念設定すらできないようにも思われる。また、人間がことばによって世界を開いてきたという歴史的事実からすれば、「ことばのない世界」を語ることは意味のないことのように思われるかもしれない。しかし、逆説的だが、多くのクライエントの語りを聴いていると、人間のこころの領域には、この世界がたしかにあり、そこでの営みがたしかにある。体験がそう筆者に語らしめる。つまり、「ことばによって開かれた世界」の体験との相対性のなかで「ことばのない世界」があると、臨床体験をとおして考えるようになったのである。また、この世界は「いかに生きるのか」という現代人のテーマを考えるうえでも深い示唆を与えてくれると思われる。そこで、まずこの世界について述べることから始めたい。

ここで、筆者が用いる「ことば」の定義の問題が生じる。言語学に立ち入ることが本論の目的ではないし専門外でもあるが、やはりどのような意味でこの表現を使用するのかは明確にしておく必要があるだろう。ソシュールは、言語記号は慣用的にそれからもたらされるイメージのみを示すのではなく、その概念をも担っていることを指摘し、言語記号は「概念」と「聴覚映像」の二面を有する心的実在体であると主張した。そして、前者を「意味」(シニフィエ signifié)、後者を「表現」(シニフィアン signifiant)と新たに呼ぶことを提唱した。すなわち、ことばはイメージのみを示す「記号」(signe)ではなく、意味と表現が相互に呼応し合うものであると主張したのである[1]。筆者も、このような意味で「ことば」という語を用いている。簡潔に言えば、「ことばは世界と関係を結ぶものである」とここでは定義しておく。このことと深く関連する「イメージ」については、第7章で取り扱う。

●体験とことば

「ことばのない世界」とは、それがそれとしてあるそのものの世界である。この世界には、あらゆる可能性・危険性が潜在的にあるという点で「全」であり、いまだことばによって開かれていないという点で「無」である。つまり、「全にして無」「無にして全」の世界である。何一つ、明瞭な区別がない。それは、ことばの意味的連関性が顕在化していない世界でもある。この世界では、意味が付与されるということがない。あらゆるものが溶けていると言ってもよい。

筆者はかつて、数奇な人生の歴史を背負ったある男性クライエントが、面接の初期の頃、「十八年間生きてきましたが、いまはじめて孤独です」と語ったときの、愕然とした自身の体験（同時に、「危ない」つまり死への親和性を感じた体験）を想起する。他者との出会いによって孤独は和らぎ、また出会うことによって孤独は訪れる。このクライエントが青年期になるまで他者と出会わなかったということはあり得ない。来歴をみるかぎり、孤独でない時期もあったと思われた。しかし彼はそう語ったのである。筆者には、過去十八年間、他者と出会いことばを交わしながらも、この男性にとってのそれは、「ことばのない世界」での体験であったと思われた。この世界には「孤独」ということばはない。おそらく体験はあったろう。しかし、その体験が「孤独」ということばと意味的連関をもたなかったのである。

また、ブランケンブルクによると、当たり前のことがわからなくなった（自明性を喪失した）アンネ・ラウは、「なにかが抜けているんです。でも、それが何かということをいえないんです。何が足りないのか、それの名前がわかりません。いえないんだけど、感じるんです」と語るが(2)、この体験も類似のもののように思われる。

このようにみると、「ことばのない世界」では、体験はあるが、その体験を顕在化せしめることばとのつながりがないと言うことができる。

●プレロマ

このような世界の体験にアプローチしようとするとき、筆者は、ユングが心理療法の領域に導入した「プレロマ」（Pleroma）という概念が有効ではないかと考える。プレロマとは、ラテン語で「充満」を意味するグノーシス派の用語である。プレロマはあらゆるものが区別されないという点で、全であり無である。ユングは、プレロマと人間を比較しながら次のように語っている。

> プレロマの中には何ものもなく、またすべてのものがある。……われわれはまたプレロマの全体である。というのは、プレロマは比喩的にはわれわれのなかの仮定され存在しない点であり、われわれの周りの果てしない天穹だから（ユング　一九一六[3]）。

したがって、人間はプレロマのなかにはないが、またプレロマの一部でもあると言える。さらにユングは、人間の本質は「区別すること」であると語る。それはつまり、原初的で危険な一様性への戦いであり、われわれはそこから逃れることはできないと主張するのである。そして、この本質をユングは「個性化原理」（Principium individuationis）と呼んだ。このような区別する人間の本質は、「活動・停止」「充満・空」「生・死」「善・悪」など、「対立するもの」（opposites）を産み、それらにことばを付与する。プレロマにあっては、それらは互いに相殺され平衡しているために、存在しない。しかし人間においてはそれらは区別され、相殺されることなく活動している。したがって、人間は対立するものの犠牲となる。たとえば、善を切望するとき、善と対立するものとして区別された悪も活動しているわけであり、人間はその影響を免れることはできない。また人間は、それらをことばにおいてのみ所有したり、生きることができる。(4)

プレロマについてユングの語りを簡約しながら述べてきたが、上述のことは、人間は対立するものが相殺され平衡している世界であるプレロマとともにあり、かつプレロマから隔たる、すなわち、人間はプレロマと相対性をもって存在することを意味していると考えることができる。

●営みの相対性

プレロマにおいてみられた相対性ということは、「ことばのない世界」にも当てはまる。人間の実際の営みは「ことばのない世界」とともにあり、あらゆる可能性・危険性を潜在的に抱えている。すなわち人間は、「ことばのない世界」と相対性をもって現実を営むのである。先述した男性クライエントの十八年間もアンネ・ラウの語りも、この相対性が著しく脅かされる体験と言えよう。

このように捉えると、たとえば「病者」とは、「ことばによって開かれた世界」での呼称であり、「ことばのない世界」における、ある可能性を顕在的つまり現実のなかで生きている人とみることができる。しかもこの様態は、われわれすべてに可能性としてあるのである。当たり前のことのように思われるかもしれないが、ユングが指摘した人間の本質である「区別」という行為が、たんなることばによる区別、すなわちレッテル貼りに陥り、人間の営みと乖離する危険性の顕著な現代において、このような可能性を直視することはきわめて重要なことであると筆者は考える。「病者」と「非病者」は相対的な区別でしかあり得ない。中井の次のことばは、きわめて意味深い示唆であると思われる。

病者と非病者は、対をなす概念ではないことを強調したい。病者が「有徴者」(印のついたもの the marked) であるのに対して、非病者は無徴者であるから、「非病者」という否定的表現しかできないはずであって、「健常者」ということばはおかしい (中井　一九八三)[5]。

まさしく、人間の営みは「区別」によって規定される一方で、あらゆる可能性に開かれている。神谷が、ハンセン氏病の人たちに出会って以来、繰り返しこころに響いてきたと語る自身の詩の一節は、こうした人間の営みの本質にふれたときにもたらされた体験ではないかと思われる。

なぜ私たちでなくてあなたが？
あなたは代わって下さったのだ (神谷　一九七一)[6]。

「ことばのない世界」にはあらゆる可能性が潜在している。このように捉えると、「死ぬ可能性」「身体障害になる可能性」「分裂病になる可能性」といった見方が可能になる。とすれば、たとえば「ことばによって開かれた世界」での呼称である「分裂病者」とは、「ことばのない世界」における「分裂病になる可能性を生きている人」と言うことができる。しかもそれは、われわれすべてに可能性としてある存在様態である。このことを、現代に生きるわれわれは確たる自覚をもってこころに据える必要があると筆者は考える。

ところで、上述のユングの語りでは、「人間」は「クレアツール」(Creatur) つまり「被造物」ということばで表わされている。それはユング自身の体験つまりキリスト教を背景としてのことであろう。ユングは神も被造物であると語る。(7) つまり神と人間を区別していないのである。このことと関連して、「神は死んだ」と語るニーチェの思想とユングのそれとの関連を論じることは興味深いが、本論と逸れるのでそこには立ち入らないことにする。

以上、「ことばのない世界」について、ユングの語りを引用しながら筆者の考えを述べてきたが、この世界は人間の本質をきわめて明確に浮かび上がらせてくれるとも言えよう。人間の本質である「区別」は、二分法と同義とみることができる。また、人間の営みが相対的であるということは、現代における人間の生き方を考察するうえで多くの示唆を与えてくれるのではないかと思われる。この世界については、第5節でふたたび取り上げることにする。

2　ことばによって開かれた世界

すべてのものは、人間の本質である「区別」という行為によってことばによる命名を受け、意味を付与され、そして人間は、その行為によって生まれた概念を営みのなかに取り入れてきた。このことは第I部でも述べたが、人間の意識の確立プロセスであり、自然科学の誕生、二分法の誕生を意味する。比喩的に言えば、われわれは、「ことばによって開かれた世界」の海を泳ぎ、そのことによって喪失してしまった世界、すなわち「ことばのない世界」を海底の遺跡としてときに目にする体験を営んでいる。そのことを、「生きる」「生きている」などと呼んでいるのである。

近代から現代にかけて、「ことばによって開かれた世界」は飛躍的な発展を遂げた。それは、ことばに意味を付与し概念化するプロセスであったと言うことができる。それによって人間は「ことばのない世界」を分節化していった。この分節化のプロセスがどのようなものであったかについては第1章で詳述したので繰り返さないが、このプロセスによって、人間による意味付与という行為の加えられていない、あるがままの在り方が失われていったことは強調しておく必要があるだろう。「ことばのない世界」の営みが失われていったのである。それは、「自然」の喪失と言ってよい。

このような分節化のプロセスをとおして、必然的に二つの世界が人間の営みに現出することになった。それは、「肯定的意味付与の世界」と「否定的意味付与の世界」である。いずれの世界も意味を付与したのは人間である。にもかかわらず、肯定的・否定的という事態がさながら一般性・客観性をもつに到ったのである。そうして人間は、当然のこと、「肯定的意味付与の世界」での営みを望み、そのような営みを是としてきたのである。このような行為は、社会・文化・価値観の形成に大きく与っている。現代人は、このような「ことばによって開かれた世界」に生きている。河合は、この世界を「分節化された世界」と呼んでいる。(8)

さて、「肯定的意味付与の世界」から「否定的意味付与の世界」をみるとき、そこには、苦悩・障害・病気といった人間の存在様態がある。そして、この存在様態を肯定的意味が付与された存在様態に変化せしめる行為が行なわれるようになったのである。それをわれわれは、治療・矯正・援助といったことばで概念化したのである。心理療法もこのような影響を強く受けてきた。すなわち心理療法は、「否定的意味付与の世界」から「肯定的意味付与の世界」へクライエントを導くというベクトルをもってきたのである。

けれども、これまで詳述してきたように、現代ではこの二つの世界の境界は曖昧になりつつある。価値観の多様化は、肯定的・否定的といった区別を曖昧にし、その結果、どのように生きるのが是であるのかが不明瞭になってきたのである。したがって、当然のこと、「否定的意味付与の世界」から「肯定的意味付与の世界」へクライエントを導くという従来の心理療法のベクトルで現代の心理療法を理解することはできなくなってきたのである。この点について、次節でさらに考察することにする。

3　二つの世界と心理療法

●因　果　律

心理療法にはじめて科学的方法論を導入したのは、周知のようにフロイトである。また、近代医学の発展も科学の恩恵によっている。そこでは、否定的意味付与の状態を肯定的意味付与の状態へと変化せしめること、すなわち病気を「治す」という明確な目標がある。また、科学的方法論は教育の領域にも導入されている。たとえば、問題行動を示す子どもにたいして、その行動の原因を突き止め、指導や助言によって原因を除去し問題行動を消失させようと試みられる。このような方法論の基盤にあるのが因果律である。河合はこのことを明快に示し、因果律の考え方は心理療法にはあまり有効でないと指摘している。(9) 河合によると、西洋近代医学では「症状→検査・問診→原因の発見（診断）→病因の除去・弱体化→治癒」、フロイトの精神分析では「症状→面接・自由連想→病因の発見→情動を伴う病因の意識化→治癒」、教育現場では「問題→調査・面接→原因の発見→助言・指導による原因の除去→解決」という、それぞれの考え方がある。(10) そして、これらはいずれも因果律を基盤としている。

このような因果律による考え方は、第Ⅰ部で述べた排除の論理と密接に関連している。異質なるものを病因や原因とすれば、排除の論理は因果律と同様に考えることができる。

因果律による考え方が心理療法にはあまり有効でないという先の河合の指摘には、心理療法家として筆者もまったく同感である。けれども、心理療法の実践において、因果律による考え方を使っていないのかと問われると、まったく使っていないと答える心理療法家はいないのではなかろうか。それは、因果律が有効な場合があるという意味においてではなく、因果律が心理療法家の影として働いているのではないか、という意味においてである。筆者は、心理療法家はつねに科学の知による影を抱えているのだということを忘れてはならないと考えている。また、序説にも述べたが、このことは現代の心理療法についての論究がいまだ不充分であることをも示唆していると思われる。

●こころ

科学の知が働くためには、「みえる」ことが大きな前提となる。たとえば、科学の力が人間の身体を解明してゆくプロセスには、身体の構造がみえることが不可欠である。最先端の遺伝子工学の領域が飛躍的な発展を遂げているのは、ＤＮＡを観察できる顕微鏡の開発にある。このような科学の知も、「ことばによって開かれた世界」である。

しかしながら、心理療法の実践において、われわれはクライエントのこころを直接にみることはできない。われわれは、「ことばによって開かれた世界」によって「こころ」という概念を獲得したが、しかしそれは、みえることが前提となる科学の知が獲得した概念とは本質的に異なるものなのである。たとえば、われわれが「ことばによって開かれた世界」にいるとき、ここにある物があるとしよう。それが三つの角をもった物であれば、われわれはそれを三角形と呼ぶことができる。その物がみえるからである。それを四角形と呼ぶとすれば、それは「ことばによって開かれた世界」の秩序に反する。またそれが透明な物であれば、それをプラスチックなりセルロイドと呼ぶことができる。その物がみえるからである。木製であると言えば、同様にそれは秩序に反する。では、こころの場合はどうであろうか。「ことばによって開かれた世界」にいるかぎり、ここに何らかの物があって、それは〜であるから「こころ」と呼ぶ、などということはできない。こころはみえないからである。では、われわれが「ことばのない世界」にいるときはどうであろうか。そのときは、何も「こころ」などと呼ぶことはないのであって、それはそのものとしてあるにすぎないのである。このように、「こころ」ということばは、たしかに「ことばによって開かれた世界」の概念ではあるが、それは本質的には科学の知によって獲得された概念とは異なるのである。筆者は、「こころ」ということばではなく、こころそのものは「ことばのない世界」にあると考えている。心理療法は、こころそのものにかかわる作業である。したがって、心理療法は「ことばのない世界」と「ことばによって開かれた世界」との相対性のもとにある作業である。筆者はそう考える。

ところで、第一節に述べたように、人間の営みもまた、二つの世界の相対性のもとにある。したがって、筆者の考えは何も心理療法の独自性を指摘したものではない。けれども、時代性を視野に入れるとき、現代人は「ことばによって開かれた世界」に絶対的信頼を置き、人間の営みの本質と乖離した生き方をしているように思われる。このようにみると、心理療法は現代人にとって、人間の営みの本質を回復する作業であると言える。それはすなわち、「いかに生きるのか」というテーマに現代の心理療法がかかわっていくことを意味する。現代の心理療法家は、このようなことを根本姿勢として明確に自覚する必要があるのではないか。この点については、第5節でふたたび取り上げることにする。

●治るということ

自然科学の興隆とともに、心理療法は因果律による考え方を基盤とし、「治す」ことを目標として展開してきた。「治す」という場合、心理療法の主体は心理療法家にある。このような考え方にたいし、主体をクライエントにおき、クライエントが自己治癒の力によって「治る」という考え方が提唱されるようになった。河合はこれを、成熟モデルとして、「問題、悩み→治療者の態度により→クライエントの自己成熟過程が促進→解決が期待される」という図式で紹介している。(11) この図式は、わが国において大いに受け入れられることになった。

しかし、河合も指摘するように、(12) この図式も症状の消失なり問題の解決を目指しているという点では、先述した「治す」ことと同様に、因果律的思考を基盤としている。この図式もやはり科学の知の枠組みに重心を置いているのである。

心理療法においては、「治るとはどういうことなのか」が問われ続けている。因果律の考え方にしたがうかぎり、この問いにたいする答えは、症状なり問題行動の消失である。しかしこれは、「ことばのない世界」の作業を「ことばによって開かれた世界」、すなわち科学の知の枠組みで実証しようとする姿勢に他ならない。このような姿勢は、先述したように現代の心理療法には適用しにくい。

たしかに、症状なり問題行動の消失は現実の幸福をもたらすかもしれない。けれども、多様な価値観が許容される現代にあっては、そもそも何が幸福なのかすら曖昧になりつつある。「いかに生きるのか」というテーマへの取り組みは、症状や問題行動の消失で終わるものではない。HIVやターミナルケアの問題にみられるように、症状を抱えつつ「いかに生きるのか」に取り組むクライエントも存在する。また筆者は、症状や問題行動の消失を目指す心理療法家の姿勢に、科学の知による影の侵入を感じてならない。

具体的に考えてみよう。相当以前のことであったが、不登校の子どもが筆者との心理療法のプロセスをとおして登校を始めるようになったことがあった（実際には、そんなにスムースにことが運んだわけではないが）。その子の現実を考えると、登校するようになったことは筆者には素朴に嬉しいことであった。けれども、その後しばらくして、「僕が学校へ行くようになったのは、母親をこれ以上苦しませたくなかったからです」とその子は語ったのである。登校したことを単純に喜んだ筆者もどうかしていたが、その子の語りを聴いたとき、筆者には、心理療法とはいったい何なのかがわからなくなった。ただ、その当時は、少なくとも心理療法を科学の知の枠組みで捉えてはならない、と考えていた。

またあるとき、難治性てんかんと心気症を主訴として、ある中年男性が心理療法の場を訪れたことがあった。数年間の薬物療法もてんかんには奏効せず、主治医が心理面からのアプローチの必要性を感じて筆者に紹介してきたのであった。筆者による心理療法と引き続く薬物療法によって、てんかんと心気症は消失した。しかしクライエントは、その後、重篤なうつ状態に苦しむことになったのである。何年もの面接が積み重ねられた。そのなかで、てんかんを失った淋しさが語られたことも幾度となくあった。てんかん発作後、しばらくはえもいわれぬ恍惚感が体験されるのだとクライエントは語った。そして、うつ状態がクライエントを圧倒しようとしていたあるとき、筆者に向かってクライエントはこう叫んだのである。「先生、こんなに苦しいのはもうたくさんです。こんな苦しみを味わうくらいならてんかんを返して下さい」。筆者には返すことばがなかった。たしかに、てんかんと心気症症状の消失は、クライエントに現実社会への復帰を可能にした。しかし、それがクライエントにとって幸福であったかどうかは、上述の叫びを聴くとき、筆者にはわからなくなるのである。その後、このクライエントはうつ状態を抱えながら、心理療法のなかで生きる意味を見出す作業をしていくことになった。

このような事例からもわかるように、心理療法の作業を現象面での変化だけで捉えること、すなわち科学の知の枠組みのみで了解することに筆者は異論を唱えたい。そして、先述した現代という時代性を視野に入れることの必要性がいっそう強調されねばならないと考える。価値観の多様な現代においては、「いかに生きるのか」という視座からみるとき、そもそも症状や問題行動のもつ意味すら多様になってきているように思われる。心理療法が広い意味で人間の幸福に寄与するひとつの職業領域であるとしても、何が幸福なのかは人によって異なるのである。

このように、現代という時代性を視野に入れるとき、科学の知の枠組みで心理療法を捉えることには限界があると言うことができる。加えて、現代の心理療法家にとって、科学の知は巨大な影になりつつあると筆者には思われる。

それにしても、「治る」とはいったいどういうことなのであろうか。先述したてんかんと心気症症状を抱えた中年男性の事例などに出会うと、治るということについて深く考えさせられる。社会適応が可能になることが治ることなのであろうか。症状が消失することが治ることなのであろうか。心理療法は二つの世界の相対性のもとにある作業であると先に述べたが、この観点に立つとき、心理療法において治るということもやはり相対性のもとでの事態であると言うことができる。そこには、クライエントと心理療法家双方にとってのこころそのものの変容にかかわる事態があるのではないか。この点について論じたグッゲンビュール・クレイグは、「心的事実というものは、自然科学で言われる意味では、統計的に、もしくは因果律的には把握することができないものである」と述べている。[13] 筆者もまったく同感である。

ところで、筆者自身の臨床経験や訓練段階にある多くの心理療法家のスーパーヴィジョン体験から感じるのは、「治る」図式に固執して、それを超えることが非常にむずかしいということである。もちろん、「治す」ことに固執している段階は論外である。「治る」図式で心理療法を捉えるとき、心理療法家の姿勢が非常に重要な要因となる。そして、主体はクライエントであるから、治療者はクライエントのこころの動きを妨げないようにしながら、その語りを共感的に理解しようとする。それによって、クライエントの自己成熟過程の促進を目指すことになる。けれども、その姿勢に因果律的思考が入り込みやすいのである。つまり、このような心理療法家の姿勢が方法論として用いられてしまう場合が非常に多いのである。そうなると、たとえば眼前のクライエントが唯一無二の個人であるという現実がみえなくなる。そして、心理療法家も個性のない人物としてクライエントに映ることになる。そこには、クライエントの自己成熟過程の促進はない。ここにも、心理療法家が抱えている影を感じ取ることができる。

このことは、心理療法家の訓練の問題にもかかわってくるが、本論から逸れるので、この点については拙論を参照していただくとして、[14] ここで強調したいことは、心理療法において「いかに生きるのか」というテーマに取り組むためには、「治す」「治る」という図式を超える必要がある、ということである。もちろん、これらの図式の功罪について知っておくことは必要である。そこから、これらの図式を超えるプロセスが始まり、そこに心理療法家の個性・人間性・人格を賭けたクライエントとのかかわりがもたらされると筆者は考えている。

「否定的意味付与の世界」から「肯定的意味付与の世界」へという心理療法が目指したベクトルは、現代においては限界にきている。この二つの世界は、いずれも「ことばによって開かれた世界」である。心理療法は、「ことばのない世界」と「ことばによって開かれた世界」の相対性のもとにおける作業なのである。とくに現代においては、その特徴を強くしていると筆者は考えている。「心理療法に科学的方法論はない」と言い切ってしまうのは暴論であろうか。しかし、「治す」「治る」図式を超えたところに、心理療法家個々の心理療法観がもたらされるのであり、それこそが現代の心理療法において必要な心理療法家の姿勢ではないか。筆者はそう考える。このことと関連してグッゲンビュール・クレイグが次のように述べているのは、きわめて意味深いことと思われる。

牧師や神父と同じように、私たちは自分たちの魂や人格を使って仕事をしていくのである。すなわち、装置とか手段とか技法とかいったものは第二義的なものである。自分自身とか、私たちの正直さ、また真面目さや、無意識や夢との個人的なかかわりというようなことがらは、われわれが使用する道具なのである（グッゲンビュール・クレイグ　一九七八）[15]。

グッゲンビュール・クレイグは、同時に心理療法家が使用する道具を実際以上のものとしてみせようとする心理療法家の影についても指摘しているが、傾聴に値すると思われる。

また、ここでは詳述しないが、河合は「治る」図式の問題点を指摘し、それを超えた心理療法の図式として、「雨降らし男」の態度を心理療法家の理想像としてみる「自然《じねん》モデル」を提唱している。[16] この考え方は、先述したように、「ことばによって開かれた世界」の興隆によって失われた、あるがままの在り方である「自然《じねん》」体験の回復という観点からみるとき、真に興味深い。

それでは、現代の心理療法家の姿勢・心理療法について、以下にさらに詳しく考察することにする。

4 抱える器

●二つの世界をつなぐこと

「治す」「治る」という図式の発想の基盤にあるのは、「否定的意味付与の世界」から「肯定的意味付与の世界」へクライエントを導くという思想である。つまりこれらの図式は、人間が社会のなかで生きる際の暮らしやすさ、そういう意味での幸福に寄与するという思想をもっている。しかし、繰り返し強調してきたように、多様性の現代にあっては、暮らしやすさとか幸福とはいったい何なのかが曖昧になってきている。したがって、これらの図式がもつ方向性は、現代の時代性を視野に入れたとき、心理療法の実践にはそぐわなくなってきていると言うことができる。そして、これまでの心理療法が目指してきた現実の幸福という観点に重心を置くかぎり、心理療法は人間存在をトータルなものとして捉えることはできないと筆者は考える。

こうしたことが誤りであると言っているのではない。心理療法が時代との相対性のもとにあることからして、こうした姿勢が必要な時代もあったと考えることができるからである。この姿勢は、心理療法家が「肯定的意味付与の世界」にこころの足場を置き、そこからクライエントに相対するというものである。しかし、そのような心理療法家の姿勢は、ヒューマニズムの域を出ないのではないだろうか。ヒューマニズムの是非を問題にしているのではない。そのような姿勢は、現代の心理療法家の姿勢としては弱すぎるのではないか、そして、こうした一方向性に終始してきたことによって、心理療法家が「肯定的意味付与の世界」にいると幻想するようになったことに問題があるのではないか、と言いたいのである。繰り返し強調してきたが、それは心理療法家の影である。

筆者は、上述した方向性のプロセスのなかで幾多の悲惨な歴史があったこと、そうした歴史をもとにしてわれわれ現代人が生きているということ、さらには一個人としてみても、いわゆる成熟というこの方向性のプロセスのなかに多くの苦悩があったこと、これらのことを心理療法家は知識としてではなく実感として、まずもって知らねばならないと考える。これらのことを確たる自覚をもってこころに据える作業を続けるなかで、人間が生きることに関する知、人間とは何かに関する知、さらには人間への尊厳がもたらされるのではないか。筆者はこれを「肯定的意味付与の世界」と「否定的意味付与の世界」を「つなぐ」と表現したい。

二つの世界をつなごうとする作業は苦しみをともなう。われわれはつねに安寧を求めようとするし、その作業のプロセスに排除の論理が執拗に作用するからである。しかし、このような作業なくしてクライエントに相対することはできないのではないかと筆者は考えている。この作業は、現代の心理療法家にとって必要不可欠なものである。この作業からこころを背けると、「いかに生きるのか」というテーマに取り組むことはできない。また、人間の営みの本質にふれることも、人間の尊厳にふれることもできない。

●抱える器

筆者は、「生きるということは、正解のない道をみずから意志決定しながら歩くことである」と考えている。従来の心理療法が目指した方向性が正解であると考えると、さらには正解を求めようとすると、そこに排除の論理が働き、科学の知の枠組みに頼った人間理解をしてしまう危険性を産む。心理療法は、「ことばのない世界」にもかかわる作業なのである。この素朴な事実を絶対に忘れてはならない。そのためには、心理療法家は、まずことばによって開かれた二つの世界を「つなぐ」こと、二つの世界を抱えるこころの器をもつ必要があると筆者は考える。

十数年前に筆者のもとを訪れた、ある中年女性がいた。このクライエントは、中学生になる息子の不登校のことで相談に来られた。面接を重ねていくにつれ、クライエントがある新宗教の熱心な信者であることがわかった。御主人は無口な方で、夫婦の会話はほとんどなく、表面的な夫婦関係であった。クライエントは息子をその宗教に強制的に入信させ、布教活動を息子とともに熱心に行なっていた。当時、筆者は、息子を強制的に入信させることによって、息子が自分の考えや思いを素直にクライエントに語れなくなっていることが大きな問題であり、不登校の要因の一つになっているのではないかと考え、この点についてクライエントと徹底的に話し合った。話し合いを重ねるにつれ、クライエントは自分自身のこと、息子のこと、夫婦関係のことなどについて考えを深めていった。そうしてクライエントは、自分の生き方が息子に心理的な苦痛を与えていることに気づくようになった。そのときから、クライエントは途方もない葛藤に苦しむことになったのである。葛藤を抱えながら面接が続けられたが、ある回、とうとうクライエントは筆者にこう語ったのである。「私がこれから進む道はどちらか一つです。宗教をとるか、宗教を捨ててカウンセリングを続けるか、どちらかです」。しばらくの沈黙の後、「しかし私は宗教を捨てることはできません。もし捨てれば、私がこれまで生きてきた意味がなくなるし、これから生きていく意味もなくなります」。クライエントはそう語って、筆者のもとを去っていった。

　このクライエントの決断が正解であったかどうかはわからない。しかし、クライエントに向かって、「あなたが進もうとしている道は間違っている」などと言えるであろうか。これも「いかに生きるのか」にたいしてクライエントが選択した一つの道である。葛藤に苛まれ、苦しみのなかからクライエントは一つの決断を行なった。いま思えば，息子の不登校という事態に筆者のこころが向きすぎていたと強く反省させられる。すなわち，当時の筆者にはクライエントの生き方にかかわる途方もない葛藤をともに抱えるだけの器がなかった。そこに，筆者の心理療法家としての未熟さがあった。

現代という時代は多様な価値観を許容する。そういう時代にわれわれは生きている。そのことによってもたらされたのは，付与される意味の曖昧さである。すなわちわれわれは，これまで当たり前として考えてもみなかったことに疑問符を打たねばならなくなったのである。「家族とは？」「生きるとは？」「人間とは？」「性とは？」「幸福とは？」「病いとは？」「死とは？」……。これらの問いに科学の知は納得のいく答えを与えてくれない。そして，これらの問いを顕在的・潜在的に抱えてクライエントは心理療法の場を訪れる。

「肯定的意味付与の世界」にいるかぎりにおいては，これらの問いについて考えていくことはできない。考えていくためには，ことばによって開かれた二つの世界を「つなぎ」抱える器が心理療法家に必要であると筆者は考える。二つの世界を抱えればかならず葛藤が生じる。その葛藤を一方向性で切って捨てるのではなく，葛藤を抱えていく器が必要であると言うことができるのではないか。そうした器をもつことは，人間存在をトータルにみる目をもつことにつながる。この考えは，第Ⅰ部で述べたコスモロジーに近いものである。これを図示すると，図3のようになる。こうした心理療法家の姿勢が，現代の心理療法には何よりもまず必要であると筆者は考える。

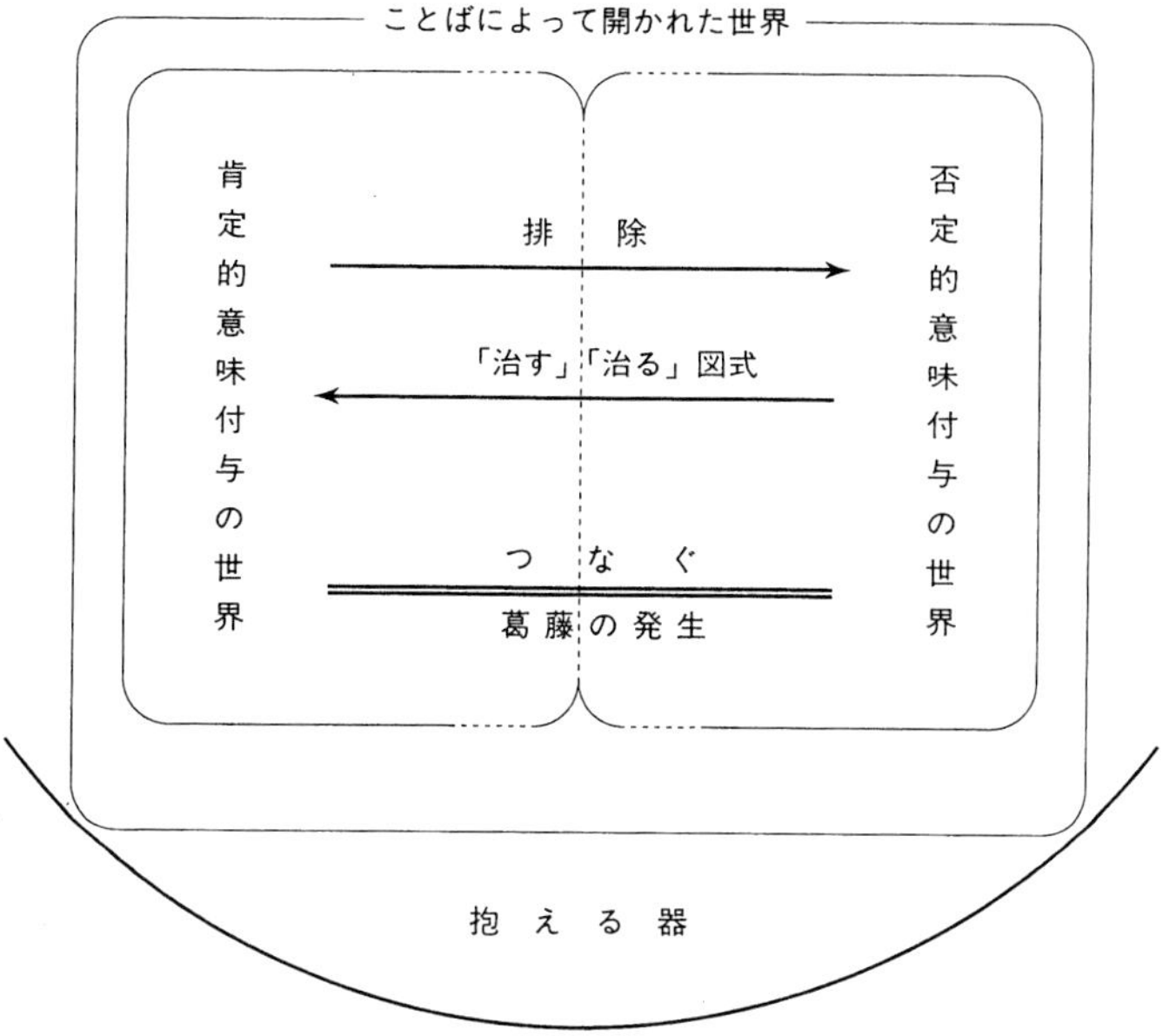

図3　抱える器

＊破線は、二つの世界の境界が曖昧になってきていることを示す。

「いかに生きるのか」というテーマに一般性をもった正解などない。クライエントは個々が唯一無二の存在だからである。クライエントの語りを聴きながら，心理療法家はクライエントが抱えて生きようとする葛藤を体験する。そして，心理療法家も同じ現代を生きる存在として，その葛藤にかかわっていく。そのときに必要な心理療法家の姿勢が葛藤を抱える器である。それは，クライエントと心理療法家双方が，排除の論理を超えて，異質なるものを抱えること，抱えることによって生じる葛藤を生きることである。この姿勢によって「いかに生きるのか」というテーマへの取り組みが可能となり，こころの変容可能性が開かれる。けれども，葛藤を抱えていればかならずこころの変容がもたらされるわけではない。そのことも，心理療法家は知っておかねばならない。

5　存在の知

●はじめに

第1節において，「ことばのない世界」について取り上げた際，心理療法は「ことばのない世界」と「ことばによって開かれた世界」の相対性のもとにおける作業であると述べた。しかし，人間の本質が区別することにある以上，われわれは「ことばによって開かれた世界」に生きることを，実際的には余儀なくされている。

心理療法も例外ではない。心理療法においてもことばが用いられる。箱庭療法や描画療法などは、非言語的心理療法と総称されたりするが、非言語的心理療法など実際には存在しない。いかにイメージを重視する心理療法であっても、最終的には「ことばによって開かれた世界」に帰着する。ことばをまったく用いない心理療法などあり得ないのである。

しかし、心理療法はこころにかかわる作業である。先述したように、「こころ」ということばは、本質的には科学の知によって獲得された概念とは異なる。すなわち、こころの本質は、「ことばによって開かれた世界」の枠組みでは捉えきれないのである。こころそのものは「ことばのない世界」にある。ここに心理療法のむずかしさがあると筆者は考える。すなわち、心理療法は二つの世界の相対性のもとにおける作業であり、われわれは実際的には「ことばによって開かれた世界」に生きているのである。このことを、どのように考えればよいのであろうか。

●存在の知

心理療法の一場面を想起してみよう。そのときわれわれが語ったことばはクライエントのこころに届いただろうかと素朴に自問してみる。あるいは、クライエントの語りを聴くとき、われわれのこころに届くようにわれわれはその語りを聴いているのだろうかと自問してみる。「ことばによって開かれた世界」から発せられた心理療法家のことばはクライエントのこころそのものには届かないだろう。こころそのものは「ことばのない世界」にあるからである。同じように、われわれが

「ことばによって開かれた世界」の枠組みでもってクライエントの語りを聴いているとき、その語りはわれわれのこころそのものには届かないだろう。

それでは、われわれはクライエントに相対しているときにかぎって「ことばのない世界」にいる、などということは可能なのだろうか。筆者にはわからない。ただ、臨床体験から言えることは、クライエントのこころそのものに届くことばが語られたことがあったということであり、クライエントの語りが筆者のこころそのものに届いたと体験させられたことがあった、そして、そのようなとき、「いかに生きるのか」というテーマにたいする知恵がもたらされた、ということだけである。またこのような場合、ことばは、それが心理療法家の語りなのか、クライエントの語りなのか、非常に了解しにくい。筆者もクライエントも、「何かによって語らされている」という感覚が一番近いであろうか。第4章で述べたジンの母親のことばは、まさしくそのようなものであったと思われる。もとより、このような体験から方法論が導き出されることはない。

このような体験は、ことばの源はどこにあるのかという素朴な疑問を筆者に抱かせることになった。第1節にも述べたように、「ことばのない世界」とは、体験はあるがその体験を顕在化せしめることばとのつながりがない世界である。ユングがいみじくも「プレロマ」と述べたように、体験が区別されることなく充満している世界である。筆者はここにことばの源があると考える。ことばは体験からもたらされるものであり、世界と関係を結ぶものだからである。心理療法の実践における上述したような体験は、「ことばのない世界」にふれたときにもたらされたのではないかと思われるのである。それが、心理療法は二つの世界の相対性のもとにおける作業であると筆者が繰り返し強調することの意である。

ことばの源には、「いかに生きるのか」という現代人が抱えるテーマにたいし、人間存在そのものの体験知が潜在している。そこにふれたとき、このテーマにたいする応えがもたらされるのではないだろうか。けれども、人間はそれをことばにすることはできない。ことばは、心理療法家とクライエントを超えた「何か」によってそこからもたらされるのである。それは、区別することばではない。そうしたことばならいくらでも語ることができる。「何か」によってもたらされることばは体験そのものであり、世界と関係を結ぶものである。それは、この世界にみずからが存在することにかかわる知である。そうしたことばにふれたとき、人間存在そのものの体験知がもたらされる。筆者はこのように考えている。

このような、心理療法家とクライエントを超えてことばを語らしめる体験の土壌を、筆者は「存在の知」と呼んでいる。

たしかに、ことばはその時代の価値観や文化を反映する。けれども、現代という時代性を視野に入れるとき、筆者は、現代の価値観や文化の領域にあることばが、「いかに生きるのか」という現代人が抱えるテーマから乖離しているという実感を抱いている。すなわち、価値観や文化の領域と「いかに生きるのか」という次元での実存の領域に裂け目が生じているように思われてならない。そうなると、ことばはさながら、ある価値観を反映するのみになってしまう。人間が存在するという意味での実存の土壌が稀薄になるのである。

心理療法家はクライエントに潜在する創造的可能性に最大限の注意を払い、その可能性の発展に付き添う。そうした体験を積み重ねていくと、ことばにたいして非常に敏感になり、なんと多くの人が実存から乖離した、ある価値観を信じきったことばを使っていることかと驚かされるのである。こうしたことばを「マニュアル化されたことば」と筆者は呼ぶ。シニフィアンのみのことばと言ってもよいだろう。クライエントは、「マニュアル化されたことば」の渦のなかにあって、「いかに生きるのか」に苦悩し、そしてことばを求めている。そのことばによってもたらされる体験を求めている。そのことばとは、「存在の知」よりもたらされる、慣習的価値観を超えて「いかに生きるのか」というテーマに応えるものではないかと考えられる。

心理療法は、クライエントを大多数から是認される領域（肯定的意味付与の世界）に復帰させることを直接的に目指すものではなく、「存在の知」の体験を心理療法家とともにすることによって、そこからクライエントがみずからの生き方にかかわる知恵を見出す作業である。その体験は、「個」を徹底的に尊重する心理療法家の姿勢によって、心理療法家とクライエント双方を超えた「何か」によってもたらされるものである。それを図示したのが、図4である。

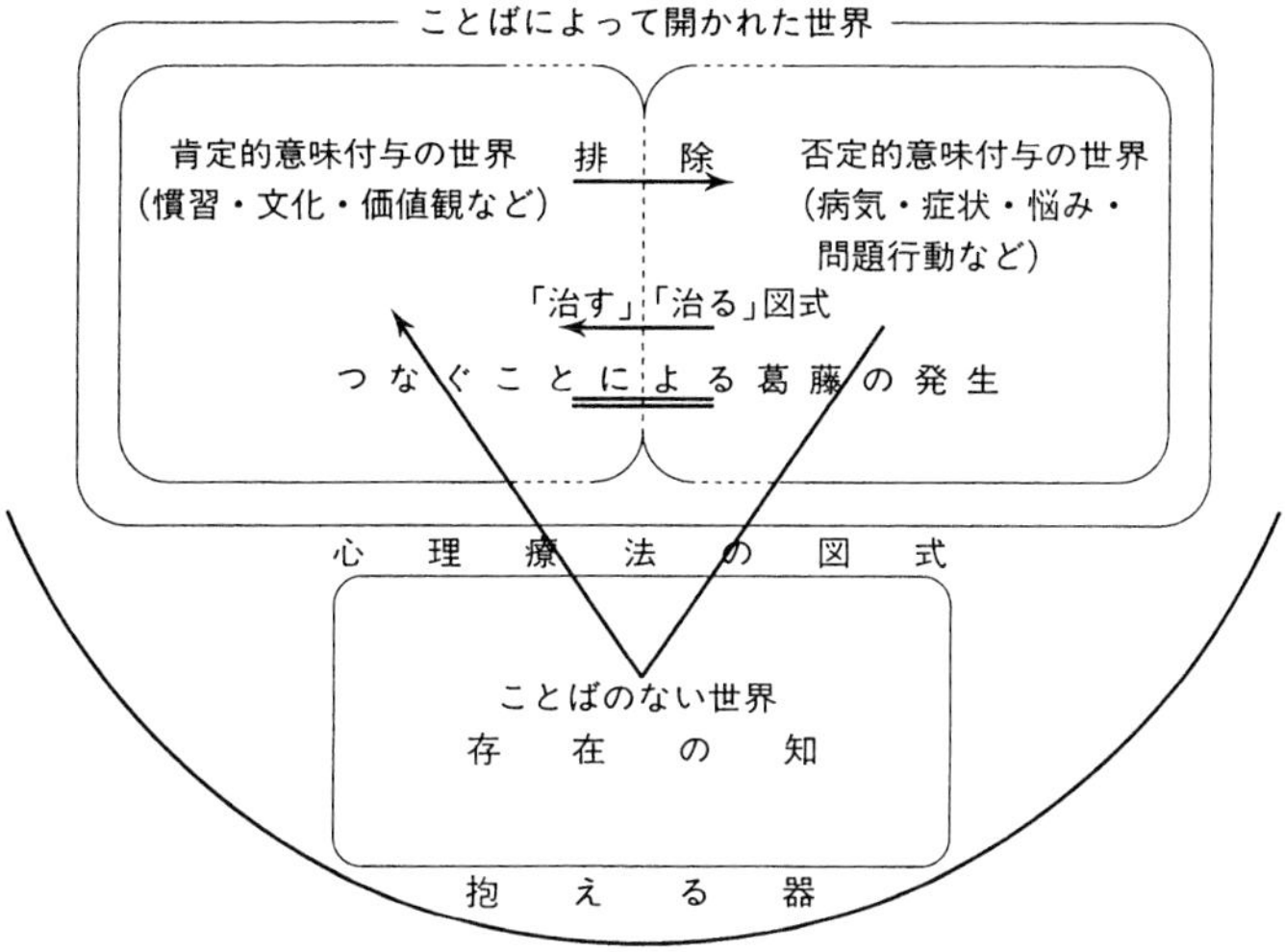

図4　存在の知と心理療法の図式

＊悩みや問題を抱えて心理療法の場を訪れるクライエントをイメージして、このような矢印で方向性をもたせているが、すべての心理療法がかならずしもこの矢印のようになるわけではない。破線は、二つの世界の境界が曖昧になってきていることを示す。

おわりに

本章で論じたようなことを考える直接のきっかけになったのは、「治す」「治る」などと言うが、現実に絶対に治らない人が、筆者のこころにつねに「生きるとは何か」「死ぬとはどういうことか」という問いかけをしてきていたからである。そして、不治の病に苦しむ人たちが「死」に直面して「生きる」ことの重さと素晴らしさを体験していく事実に接したことである。心理療法は、治らない人にも相対していく。このようなことを契機として、いくぶん抽象的ではあるが、心理療法について考え続けてきた現時点での筆者なりの見解を示してみた。当たり前のことを論じたような気もしている。しかし、もしそうであったなら、当たり前のことすらわからなかったことを肝に命じて、初心を続けることにしたい。

さて、次章以降では、より具体的に心理療法について論じることにする。

第7章　規定性と関係性

はじめに

筆者は、クライエントに会うとき、クライエントがこれまで生きてきた歴史、現在生きている状況を踏まえ、これから「いかに生きていくのか」というこころの視点から、その語りに耳を傾けている。それは、クライエントも一人の人間であるという素朴な事実につねにこころを傾けることでもある。すなわち筆者は、人間が「生きる」ということを、クライエントの語りをとおして考え学んでいこうとする姿勢で心理療法の実践を積み重ねてきた。

本章では、こうしたプロセスをとおして筆者が考え続けてきたことを、「規定性」と「関係性」という概念を軸にして述べることにしたい。

1 規定性

●人間

自明のことだが、われわれはなりたくて人間になったのではない。みずからの意志で生まれてきたわけではないのである。この事実は、人間の生が「何か」によって規定されていることを意味する。端的な例で言えば、人間の生は「死」によって規定されている。また、思春期を迎えた子どもが親に反抗するとき、「産んでくれと頼んだ覚えはない」などと言ったりするが、このことは、生まれたときから子どもと母親との関係が規定されていること、つまりこの母親から生まれてきたという事実は、その子にとって変えることのできないものであることを語っている。

またこのことは、人間について語ろうとする芸術・文学・哲学・心理学・社会学などすべての領域に通底する、根源的事実としてのテーマである。たとえば、児童文学におけるメーテルリンクの『青い鳥』(1)や宮澤賢治の『なめとこ山の熊』(2)、心理学におけるユングの『子どもの夢』(3)などは、人間が何かに規定されて生を営むことを強調している。ユングのことばを援用して、「子どもの魂は決してタブラ・ラサ……ではないことを、われわれは忘れてはならない(4)」と言うこともできるであろう。

けれども、心理療法の実践において、このことはあまりにしばしば忘れ去られてしまうように思われる。心理療法の場で出会うクライエントは、なりたくてクライエントになったのではない。同様に、なりたくて分裂病に、境界例に、不登校に、非行少年に、アルコール依存症の親の子になったのではない。そして、われわれは、なりたくても健康にはなれないのである。そもそも、「健康」という事態は操作的概念にすぎない。河合は、谷川との対談のなかで、「生まれてきたということは病んでるわけでしょう。何もこの世に生まれなくてもいいのに生まれてきたということはやっぱり病んでる」と述べている。(5) このことは、人間は生まれたときから病いに規定されていることを意味し、心理療法は「病気→健康」というベクトルを目指すのではなく、このように規定されている人間が「いかに生きるのか」にかかわる作業であることを示唆するという点で慧眼である、と筆者には思われる。

人間は「何か」に規定されているという自明の事実を忘れてしまうと、たとえば「不登校の心理療法は……」などと語ってしまい、方法論のモデルを作ろうとしてしまう。事実は、「なりたくて人間になったわけではなく、しかもなりたくて不登校になったわけではない人間」が心理療法家の眼前にいるということなのである。しかもその不登校の子どもは、さらに多くのことに規定されて生きている。そのなかで、心理療法という作業をとおして「いかに生きるのか」というテーマにかかわっていこうとしているのである。

筆者は、多様性の現代を視野に入れたとき、人間が「何か」に規定されているという素朴な事実は、心理療法に深く重い課題を提示していると考えている。このような点について、次節でさらに詳しく考察する。

●生と死

前章末尾に述べたように、不治の病いを抱える人が、筆者のこころに、「生きるとは何か」「死ぬとはどういうことか」という問いかけをつねに投げかけてくる。そのような問いを受けて、筆者は心理療法について考えてきた。そして、「心理療法は人間ができることなのだろうか」という疑問に自然に突き当たったのである。この疑問にたいする明確な答えは筆者のなかでまだ出ていないが、少なくとも、人間の生と死という次元から考えたとき、心理療法について次のように捉えている。

生きるということは死への道程でもある。素朴に今日の私は昨日の私よりも、確実に死に近づいている。生きるということは死ぬということであり、逆もまた然りである。これは自明のことである。しかし、実感のむずかしい世界でもある。第5章でも述べたように、筆者は、生きることは死への道程でもあるということを、事実としての矛盾と捉え、これを「規定性」と呼ぶ。そしてこの概念を、人間は「何か」に規定されて生きているという事態に敷衍して用いている。

人間は、自分の意志とはかかわりなくこの世に生を受け、齢を重ねるなかで偶然的必然としか言いようのない世界・他者との出会いと別れを繰り返し、体験し変容する。それが「生きる」ということであり、一方でそれは「死」への道程でもあるという「規定性」をいかに抱えるかという人間存在の根源的課題がそこにある。そして、やはり偶然的必然としか言いようがなく出会った他者とともに、この課題へのかかわり合いが始まる。過去においてもそうであったし、現在もそうであり、未来においてもまたそうであろう。そうしたかかわり合いが始まると、そこに「場」が生まれ、場における関係性のなかで世界体験が織りなされることになる。心理療法家もそのような他者の一人である。心理療法とは、そのような場にもち込まれる人間の技（業《ごう》と言ってもよい）であり、そこでは、次節に述べるように関係性を基盤として規定性をいかに抱えるかという根源的課題とのかかわり合いがあり、それをとおして織りなされる両者の世界体験がある。そうした体験の積み重ねのなかに、いかに生きてきて、いかに生きており、いかに生きていくのか（死んでいくのか）という次元でのクライエントと心理療法家双方の人格化（personification）のプロセスすなわち変容がある。心理療法とは、このような人格化のプロセスすなわち変容を、クライエントとともにする作業である。その「場」は「臨床の場」（トポス）であり、織りなされる世界体験は「臨床の作業」であり、これら時空間体験の総体が心理療法であり臨床である。筆者は、現時点で、心理療法について以上のように考えている。

心理療法の領域では、クライエントと心理療法家の関係性が重要である、とつとに強調されてきた。そのことについては筆者も同感であり異論はない。しかし、関係性を強調する前に、人間は規定性を抱えて生きているという事実を、心理療法家は深く認識する必要があるのではないかと思われる。第2章、第3章で論じたように、多様性の現代にあって、「いかに生きるのか」というテーマにかかわるとき、規定性との葛藤は不可避だからである。この場合、規定性ということばを「現実」と言い換えてもよいだろう。この現実への深い認識なくして心理療法における関係性は築かれない、と筆者は臨床体験から考えている。このようにみるとき、「生まれてきたということはやっぱり病んでる」との先の河合のことば(6)は、いっそうの重みをもってくるのではないだろうか。

2 関係性

●イメージ

規定性をいかに抱えるのかということは人間の営みにとって根源的課題であるが、この視点から心理療法をみると、従来の「治す」「治る」図式には限界がある。これらの図式が規定性を変えることを目指しているからである。たとえば、症状や問題行動の解消・解決を目指す場合、それは症状や問題行動によって規定されたクライエントの営み・現実を変えることになる。もちろん、そのことが可能な場合もあるし、クライエントの平安や幸福につながるときもある。けれども、症状や症状や問題行動の解消・解決は、心理療法のプロセスの結果としてもたらされるものではないだろうか。

心理療法家が操作的に規定性を変えようとすることは、多様性という現代の時代性を視野に入れ損なう危険性を産むことにつながりはしないか。さらにまた、人間にたいする尊厳を損なう危険性を産むことにつながりはしないか。そうした行為は傲慢ですらある、と筆者は考える。たしかに、心理療法の実践においては、臨機応変な多様な在り方が必要となることがあるし、また筆者の見解はいくぶん抽象的で個人の心理療法観の域を出ないことも充分に承知している。けれども、このように述べることで筆者が強調したいのは、心理療法の実践において、操作性を超えた知を見出すことの必要性なのである。そして、このことの必要性から心理療法が見出した一つの知が「イメージ」ではないかと思われる。

「イメージ」ということばは、個人によってさまざまな意味合いで用いられている。心理療法家として筆者は、「イメージ」を次のように捉えている。すなわち、「ことばは世界をつなぐもの」と第6章で述べたが、イメージはことばが世界をつなごうとするときに必要となる、人間に内在する力であり、イメージの世界が「ファンタジー」である。そして、「関係性」とは、イメージをとおして築かれるかかわり合いである。

イメージの世界は、個人の人生の歴史に息吹を吹き込む。さらに、個人を超えた普遍性をもつ領域にも窓を開けている。すなわち、「ことばのない世界」と濃密なつながりをもっている。そして、イメージの世界すなわちファンタジーをとおして、心理療法家は「ことばのない世界」と「ことばによって開かれた世界」をつないでいこうとする。心理療法の実践はこのようなプロセスである。それは、ユング心理学が言う「全体性を生きる」ということにつながると思われる。

ここで、誤解のないように付け加えておくが、われわれは、実際的には「ことばによって開かれた世界」に生きている。つまり現実のなかに生きているのである。したがって、心理療法においてクライエントが「いかに生きるのか」というテーマに取り組むとき、それはあくまで現実の世界における作業と言える。そして、こうした作業を支えるのがクライエントと心理療法家双方のイメージの世界つまりファンタジーなのであり、ときにそれは個人を超えて働くのである。

●イメージの多層性

前節で述べたように、心理療法の実践においては、イメージの働きが不可欠である。しかし、イメージの捉え方、受けとめ方、伝え方は心理療法家によってさまざまである。そしてそこに、心理療法家の姿勢がにじみ出てくる。

たとえば、箱庭でガソリンスタンドが置かれたとき、臨床体験からは、クライエントのこころのエネルギーの補給というイメージが湧く。けれども、それはもはやイメージというよりは知識にすぎないのではなかろうか。「クライエントの父親の職場はガソリンスタンドだったなあ」というイメージよりは臨床的なのだろうか。筆者にはわからない。しかし、イメージと知識を混同している心理療法家は案外多いのではないか。

心理療法が個々のクライエントを超えて、一般性をもつ知、さらには人間の営みに何らかの知を提供する領域の作業であるとするならば、ユング心理学の概念を援用して、それは普遍的無意識が普遍的意識になる、そのプロセスと結果を提示するということになるであろう。けれども、先の例で言えば、「ガソリンスタンドが置かれた↓クライエントはこころのエネルギーの補給を必要とする状況にある」というイメージは、はたして一般性・普遍性をもった知なのだろうか。それは、「ガソリンスタンドが置かれたので……である」という因果論の域を出ないのではないか。そのようなイメージは表層的であって、上述したように、イメージというよりは知識にすぎないと筆者は考える。

このように述べることで筆者が強調したいのは、イメージの世界が心理療法の作業を支え得るとすれば、そこにクライエントと心理療法家の「関係性」が不可欠であるという、ごく当たり前のことである。心理療法は、イメージの世界と関係性を二つの軸として行なわれる作業である。この、いわば自明のことは実にしばしば忘れ去られてしまうように思われる。クライエントは心理療法家との関係性のなかで、ガソリンスタンドを置いたのである。このことがイメージの基盤になければならない。すなわち、出発点は心理療法家である私のイメージでなければならない。そして、私のイメージは私を超えた世界とつながっていることにこころがふれていることが大切である。筆者はそう考える。

他書ですでに述べたが、(7) 一九九五年の阪神・淡路大震災において、絵を描かせれば被災した子どものこころの傷が癒えるといった短絡的な因果論の考え方が多くの子どものこころを傷つけたことを想起すれば、関係性がいかに重要であるか、そしていかに容易に忘れ去られる危険性を秘めているかがわかるであろう。この大震災にふれて、河合は次のように述べている。

人間の体験は消えないのだから、傷をなくすことはできない。むしろ傷を抱えたまま、心を強くするのがいやしだ。災難に対してこんなに耐えられるんだとか、人との連帯感を深く持てるんだとか、わかった人は、心が鍛えられる（河合　一九九六）。[8]

これは、癒しの意味を明確に指摘している。この指摘にある「人との連帯感」は、心理療法における「関係性」と言うことができるであろう。またここから、第6章で心理療法家の姿勢として論じた「抱える器」についての示唆を汲み取ることもできると思われる。

このようなこころの姿勢で心理療法の実践に臨むとき、イメージは多層性をもって働く。関係性の深まりとイメージの深まりは輻輳する。すなわち、クライエントと心理療法家双方が、規定性のもとで「いかに生きるのか」という共通するテーマを抱えているという関係性の次元に深まりゆくにつれて、イメージは深まる。そして、上述したようなイメージのもつ本来的力が働くようになる。そのようなとき、私のイメージを超えたイメージがもたらされてくることがある。筆者の臨床体験からの実感である。それがどこからどのようにもたらされてくるのかはわからないが、シュピーゲルマンが語るように、[9]「それがたましいの機能である」と言うこともできるであろう。

先の例に戻ると、ガソリンスタンドが置かれたとき、心理療法家である私のイメージが出発点になる。クライエントは私との関係性のもとでガソリンスタンドを置いたのであるから。そして、いくつかのイメージが湧いてきたら、それらを取捨選択せずにすべて抱えていることが大切である。どのイメージが正しいなどということはないのであるから。あえてことばにすれば、クライエントとの関係性においてそのイメージがしっくりなじむかどうかが重要、ということになるであろうか。当然のこと、関係性が変容すれば、イメージも変容する。

筆者は、心理療法家が心理療法の地道な作業を積み重ねることをとおしてしか、心理療法における一般性・普遍性をもった知はもたらされないと考えているし、また、そのために努力しなければならないと深く自覚している。当たり前のことではある。しかし、当たり前のこととそれを実践することとは、まったく次元の異なることである。とくに、「いかに生きるのか」というテーマにたいする応えが容易に見出せるような時代にわれわれは生きてはいないことを、クライエントは身をもって教えてくれている。

さて、イメージの多層性についてより具体的に考えてみよう。筆者が心理療法の訓練を受けていた初期の頃、自閉傾向のある七歳の子どもとのプレイセラピーでの体験である[10]。砂場で水を使った遊びを展開した初回面接後の第一回、プレイルームでその子は床や砂場に唾を吐き続けた。明らかに何らかのイメージを伝えている。行為の是非を問題にするなら心理療法ではない。しかし、汚いというイメージが筆者にすぐに湧いてしまったのである。いま思えば、このイメージは日常性に近すぎる。つまり、その子がイメージで伝えようとしたことが、筆者との関係性を基盤としたものとして筆者にイメージされなかったのである。そのとき筆者は、無言でみつめているしかなかったが、その行為によって子どもは何を伝えていたのだろう。当時の筆者にはそのイメージを深い次元で受けとめることができなかった。唾吐きは、この回以降、ほとんどまったくみられなくなった。事例の詳細は拙論を参照していただくとして[11]、事例のプロセスを読んだ岡田は、この子の唾吐きについて、第一回目での唾吐きの行為はこの子がプレイルームを清め、唾を吐く次元まで深い心理療法を行なうことを宣言したことを意味し、この行為は、初回面接ですでにこの子が筆者に深い一体感を感じたからこその意志表示であり、心理療法のコンステレーションは整っていたと考えられると指摘している[12]。この指摘は、クライエントがイメージで伝えた行為を受けとめることは、関係性を基盤としてはじめてなされる作業であること、関係性の深まりとイメージの深まりは輻輳することを示唆しているという点で意味深い。指摘の正否は問題ではない。ただ、そのときの筆者には、日常性に近い次元でのイメージ体験しかできずに、関係性の深まりを感じることができなかった。すなわち、表層のイメージの次元に留まっていた筆者にはこの子が感じた筆者への深い一体感を感じ取れなかった、それが問題であったと、いまにして思われる。その後は、筆者もこの子との関係性の深まりを実感するようになり、心理療法のプロセスのなかで「死」に関連する深いイメージ体験をともにする展開を辿っていった。そこでは、当然のこと筆者自身の心理療法家としての存在意味を問われることになった。この事例から筆者は、関係性の深まりを実感すること、イメージの多層性を感じることの困難さを思い知った。

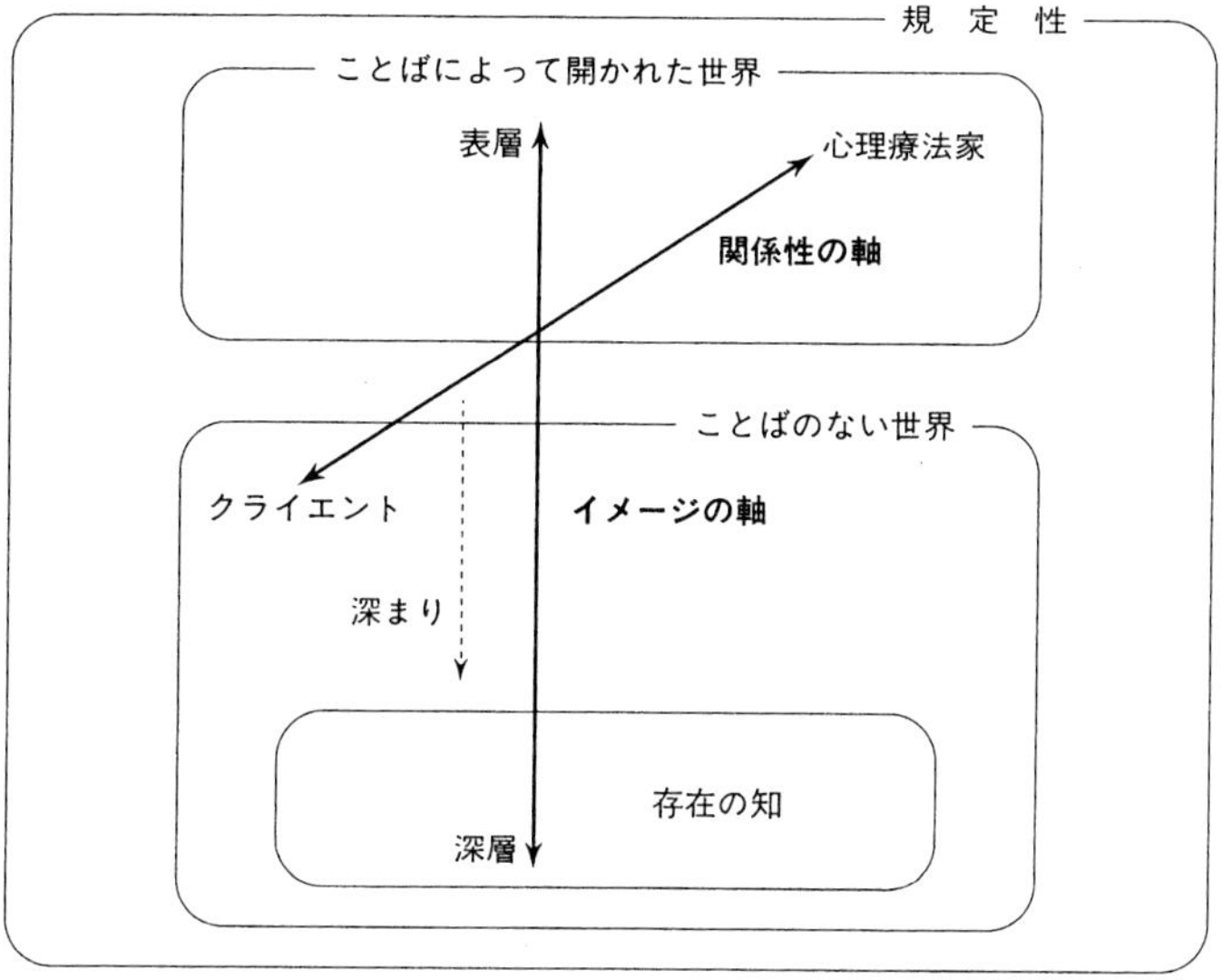

図5 心理療法における「規定性」「関係性」「イメージ」

＊関係性を横軸、イメージを縦軸にした三次元的図である。関係性の軸がイメージの深層領域に下降していく。これを関係性の深まりというのであって、現実のクライエントとの関係が深まることを関係性の深まりというのではない。

もう一つ具体例を挙げよう。それは、臨床体験を七年あまり経たころに出会った、分裂病を生きる中年のある男性との心理療法の一幕である。出会って数回目、長い沈黙の後、突然、「先生は、UFOを信じますか」との問いを投げかけられた。「うーん」と唸る筆者。「僕はUFOに襲われているようなんです」とその男性は続ける。「そうか」と筆者。心理療法はこの回で中断した。当時の筆者にも中断は実感できることであった。このやりとりには、筆者のイメージがないのである。すなわち、「UFOというもの」にこだわりすぎてしまい、UFOからこの男性がイメージした「何か」を筆者は受けとめることができなかったのである。この男性のことばは、イメージで受けとめるしかない。しかも、深層の次元にあるイメージで。筆者にはそれができなかった。この男性のことばは、「存在の知」をつうじて筆者に伝えられたものであり、そのことばを筆者は、「ことばによって開かれた世界」で受けとめようとしたのである。当然のこと、筆者は「存在の知」をつうじたことばをこの男性に伝えることはできなかった。このやりとりでは、中断は自然なことであった。

このようにみると、第6章で述べたような、心理療法家が「抱える器」としての姿勢をもつことは並大抵のことではないと筆者には思われる。臨床体験から、現時点で筆者は次のように実感している。クライエントが語ることばをイメージの多層性にふれながら、イメージとしていかに抱えられるか。そのような「抱える器」を心理療法家はもたねばならない。そのためには、クライエントも心理療法家も規定性のもとに生きているという意味で共通の存在であることを、心理療法家が確たる自覚をもってこころに据えることが出発点になる。このような姿勢でクライエントの語りを聴くとき、関係性は深まり、深層のイメージが活性化する。活性化された深層のイメージは、「存在の知」をつうじて、クライエントと心理療法家を超えたことばとなって心理療法の場にもたらされる。

最後に、本章で論じてきたことを前章を含めて図示したのが、図５（一八九頁）である。

第8章　考える葦

はじめに

本事例は、約一年半あまりにわたって、樹《いつき》（仮名）と母親、そして筆者が、「いかに生きるのか」というテーマに取り組んだものである。

筆者は、樹と母親からことばに尽くせないほど多くのことを学んだ。その学びは、現代の心理療法・教育を考えるうえで多くの示唆を与えてくれるものであった。事例をとおして、こうしたことについて考察することにしたい。

ところで、この母娘に出会う少し前、筆者は内的・外的に大きな変容体験の途上にあった。そうした個人的状況が、この出会いの契機を内包していたように、現在では思っている。十数年あまりにわたって、心理療法の実践にエネルギーを傾けてきた筆者は、心理療法家として自身が転換期にきていることを感じていた。端的に言えば「心理療法とは何か」というテーマに、自分なりの答えを、これまでの臨床体験から自覚的にこころに据える必要性を感じていたのである。ゆっくりと、自身の心理療法観をみつめ直してみる時間の必要性を感じていた。母娘とは、筆者がこのような心理的状況にあるころに出会った。そして、母娘との心理療法体験のなかで、心理療法にたいする自分なりの姿勢が少しずつこころに据わっていった。このような自身の体験は、事例のプロセスのなかに背景として含み込まれていると思われる。そのようなことも含んだうえで、事例をとおして現代の心理療法・教育について考察したい。なお、事実関係には、プライバシー保護のため、面接の本質が損なわれない程度に変更が加えられている。

1　母親との出会い

●一通の手紙

あるとき、筆者のもとに一通の手紙が届いた。樹の母親からであった。以下はあらましである。

〈樹の母親からの手紙〉

娘の樹は、高校に入学してすぐに、痙攣発作を起こして倒れました。そのまま入院となり、薬物療法を中心とした治療を受け、発作が収まったので四カ月後に退院となりました。退院後は自宅療養の日々でしたが、四カ月後に発作が再発し、再入院となりました。この入院は一週間あまりで終わりましたが、現在は、週一回通院して薬物療法を受けています。高校へは状態をみて登校していますが、発作のことが心配で私は登下校に付き添っています。娘が学校にいる間は、学校に頼んで保健室で待機させてもらっています。

学校以外でも、娘が外出するときはかならず付き添っています。しかし、娘はそれをいやがっています。年ごろの娘のこと、いやがる気持ちは母親としてもわかるのですが、かといって発作のことを思うと付き添いをやめることができないのです。こんな状況で日々暮らしています。主治医の先生は、「娘から分離しなさい」と指示されます。そのことは頭では理解できるのですが、母親としては実際にできません。現実に、樹が一人で外出中に発作が起きれば、車に轢かれて死ぬことだってあるかもしれません。

私は、母親として娘にどう接していいのかわからず、途方に暮れています。主治医の先生は私の気持ちの相談にはのってくれません。それで、カウンセリングを受けようと思うと話しましたところ、了解して下さいまして、こうしてお手紙で先生にお願いする次第です。どうか助けて下さい。

筆者は、樹と母親の営みの一端をかいまみる思いであった。とくに、母親が相当に深い葛藤を抱えて身動きのとれない心理的状況にあることは容易に推察された。突然に樹を見舞った痙攣発作という事態、この事態を母親と樹は「いかに生きるのか」。そのプロセスには、間違いなく母娘関係が大きなテーマとなってくるであろう。また、思春期という大激動の時期を痙攣発作を抱えた樹は「いかに生きるのか」。このように、母親の訴えは相当に深いテーマを伝えていると思われた。手紙にあった主治医の「分離しなさい」ということばは、筆者には虚しく響いた。ことはそんなに単純ではない。

このようなテーマに、先述したような心理的状況にある筆者はかかわっていけるのか。しばらくの自問が続いたが、なによりも母親の訴えは筆者のこころを強く動かしていた。そして、筆者は母親と会うことにした。

●出会い

手紙からイメージしたとおり、芯の強いしっかりした人という第一印象であった。同時に、情の深さも強く感じ、芯の強さは情の深さを抑制する姿のように感じられた。

しばしば涙を拭いながら、手紙に書かれてあった状況が語られた。母親としてどのように樹に対応したらよいのか深く葛藤している姿が痛いほど伝わってきた。

少し落ち着くのを待って、家族のことに話題を向けると、四人家族だとのこと。四十六歳になる母親は現在は主婦であるが、看護婦・助産婦の資格をもっており、過去にはその勤務経験もあったとのこと。ご主人は会社員（五十歳）。樹のことは病院に任せておけばいいと考えており、母親の葛藤にあまりかかわっていない。それから小学五年生の弟（十歳）、そして樹。樹は現在十七歳。

「超」の付く進学校に在籍している。

話題はおのずと樹のことになった。樹は七歳時より慢性腎炎を抱えており、加えて喘息の既往もあった。現在は、慢性腎炎と発作の治療のため週一回、通院していた。

筆者は、母親の語りを聴きながら次のようなイメージを抱いた。主治医から「娘と分離しなさい」と指示されても、それは母親にとっては容易なことではないだろう。むしろ、医療面からの権威的な指示は、ごく自然な母親の心情との間で葛藤を強くすることになり、母親としての基盤が揺らいでいる。病院に任せておけばいいとのご主人の判断は、母親にとって、ご主人を心理的に病院側に位置づけることになってしまい、母親にはご主人が非協力的に映っている。母親にとってみれば、樹がどこか自分の手の届かないところへ連れて行かれるのではないかとの不安感が強く、分離を促す主治医の指示はこの不安感をいっそう強め、それが思春期の樹を見守る母親としての自然な機能を脅かしている。この現状は本当に苦しいものであろう。加えて母親は、医療知識もあって、樹の発作を心因性ではないかと思っており、病院がそのような見立てで対処してくれないことに不安感・不満感を募らせている。

ある日突然、樹は発作に見舞われた。その日を境に、樹と母親の生活は一変した。家族間の心理的関係も不安定になった。樹はもちろんのこと、家族全員が発作に見舞われたと言えるだろう。

このようなイメージを抱いた筆者は、母親と樹をめぐる人間関係全体を視野に入れつつ、全体の状況の動き（コンステレーション）に細心の配慮を払いつつコミットしていくことを基本姿勢とした。実際的には、母親から樹とのかかわり合いの歴史をじっくりと聴きつつ、現実対処については、樹と母親のかかわり合いの中間あたりに自身を位置づけてコミットしながら、母親とともに考えていくことにした。夫婦関係と樹の性のテーマにはけっして深入りせずに、これらのテーマが背景として色濃くあることにつねにこころを向け、それ以上は、面接のプロセスで生じるであろうコンステレーションの動きに応じて対処していくことにした。また、樹の発作が心因性なのかどうかについては態度を留保しつつ、樹の来談への動きにつねに繊細であることをこころがけることにした。

●面接形態

週一回五十分の面接。以降の記載で明らかになるが、母親との八回の面接の後、樹が来談することになり、三人で相談のうえ、樹との週一回五十分の面接に変更となり、母親との面接は三人のいずれかの希望によって適宜設定することにした。いずれも有料。樹とは初回面接を含め、三十四回の面接で終結。その間、母親とは二回の面接がもたれた。

2　母親との面接経過

八回の面接のなかで樹をめぐる状況が語られたこの期間をとおして、母親は少しずつ落ち着きを取り戻していった。母親としての自身の姿勢に葛藤しつつも、それを抱える器が安定するようになった時期であった。筆者は、母親の語りを聴きながら、現実対処を二人で考えつつ、樹についてイメージをめぐらせていった。

まず母親は、樹とのこれまでについて語った。母親が二十九歳のとき、樹を出生。勤務があったので、樹は保育所へ六年間通った。保母からみても母親からみても、活発で元気な子であったとのこと。就学までは元気に過ごしたが、就学後、五年生まではときどき不明熱を出していた。七歳時に慢性腎炎と診断され、以来、現実行動を厳しく規制する主治医のもと、樹は運動をほとんど禁じられて過ごすことになった。これにたいし、活発だった保育所時代のことを思う母親は、ある程度好きに遊ばせてやりたいという思いが強く、何度も葛藤しながら、それでも主治医の指示どおりにやってきたとのこと。現在、発作は頻発している。こうした語りを聴きながら、筆者は、樹をとても「個性的」な子だと強く感じる。

現実対処については、「お母さんとしては、どこで倒れるかもしれない子どもから離れられないのは当たり前のことですよ」との筆者の思いを伝え、それから相当な覚悟をもって、「お母さんが思うことは樹さんに言ったらいいし、樹さんが望むことは母親としてできる範囲で応じてあげたらいいですよ」と伝える。母親はほっとした様子で、「私のやってることが無茶苦茶じゃないとわかってきて、安心しましたし、やる気も出てきました」と応じる。

しかし発作は頻発しており、樹を一人で行動させることへの強い葛藤と辛さが何度も語られた。

ほどなく樹は転校希望を両親に申し出る。筆者には、母親の語りからは転校についての樹の強い気持ちが感じられてこないので、「それについては、もっと親子で話し合って下さい」と伝え、親子の対話を促した。

樹の入院から退院に到るプロセスについて語られた回では、聴いていて、樹なりに現実検討力を働かせていると思われた。また、入院中にひどく人に怯えたという話は筆者には印象深く残った。退院後も、ときに母親にも怯えて、叫び出したことがあったという。

面接が始まって約一カ月経ったころ、樹は徐々に自分の判断で動き回るようになり、発作のない時期が二週間ほど続いた。樹は、「ふらっとしたとき、がんばらんと、と気合いを入れると発作までいかずに戻ってくる」と母親に話している。しかし、発作への不安は樹を感情的にしており、「発作が起きると後戻りするんじゃないかと、一人で泣いていることもあります」と母親は語る。

母親は、樹の行動について本人の希望を最優先にして対処しているが、そのために気を遣い心配することも増えている。「もし、道路で発作が起きたら、あの子は車に轢かれて死んでしまう」。この母親の不安を、ご主人はまったく取り合わない。

ほどなく、発作が起こる。「この前、発作がありました。中程度でしたけれど。樹は発作を起こしながら涙を流していました」。しかし、母親は懸命に樹の意志を大切にしようとしている。けなげなほどの姿であった。この発作を契機にして、母親が樹を来談させたいと希望したので、具体策を話し合う。主治医の了解は得ているとのことなので、まず樹の来談の意志を母親から尋ねてもらうことにする。筆者は、樹が来談したとき、どのような面接形態が適切なのか、思いをめぐらせていた。筆者が会うのか、他の心理療法家に依頼するのか。このときの筆者は、樹の面接は女性の心理療法家が適切ではないかと直観していた。そして、樹が来談したら母子並行面接とし、筆者は母親との面接を継続することにしようと判断していた。

七回目の面接では、まず転校のことが語られた。樹はみずからの意志で、両親を説得し転校したとのこと。動き出した、と筆者は感じる。また母親は、「私はめまいの持病があるんですが、樹が発作を起こしてからはなくなりました。でも、最近またあまいが起こってきました」と語る。

樹の来談については、「樹は来たい気持ちがあるようです。しかし、今朝は足が震えてしまったので来るのを控えました」とのこと。足が震える症状は、発作当初に頻発していたが、しばらくなくなり、最近再発しているとのことだった。

これらを聴きながら、コンステレーションの動きを感じた筆者は、いましかないと直観し、母親のいるその場で樹に手紙を書く。それを母親にみせて、樹に渡してもらうことにする。その場でのことだったので手元にコピーがなく、内容の詳細は忘れてしまったが、次の一文だけは渾身の力を込めて書いたのでよく覚えている。

あなたの発作が病気であるかどうかについては、私にはまったく関心がありません。大切なのは、あなたがこれからどのように生きていくのかであって、そのことについて一緒に考える場をもてればよいと思っています。

また、女性の心理療法家を希望するなら、対応が可能である旨も書き添えた。けれども、手紙は何よりも、筆者が樹の面接を引き受ける意志を伝えている。この回の後、筆者は、どのような面接形態になるのかはわからないが、母親との面接をとおして動き始めた樹には、筆者自身が会わねばならないと覚悟した。またそのことは、母親の葛藤を筆者が抱えていくことにもつながると思われた。

次回、母親は、樹が手紙を読んだこと、来談意志はあるものの来にくい様子だと話す。筆者は、無理に来談を勧めず、樹の動きを待とうと伝える。

母親は主治医を変えたいとの希望を何度も表明するが、「それは樹さんがこちらに来談するようになってからにしましょう」と伝える。まず来談からとの筆者の姿勢を、母親も納得する。とてもほっとした様子が印象深かった。そして翌週、樹は突然、母親同伴でやってきた。

3　樹との出会い

突然の来談に、筆者はまったく驚いた。筆者に向けられた母親の視線には、「樹を先生に委ねますよ」とのメッセージが告げられているように強く感じられた。母親には待合室で待ってもらうことにして、筆者は樹と会うことにした。

樹は、開口一番、次のように語った。

「先生の手紙で、倒れることが病気かどうかは関係ないと書いてあった。私を病人として扱うのではないんだとわかって嬉しかったです。今日来るときもまったくいやじゃなかったです」

樹はじっと筆者をみつめる。しばらくして、筆者は尋ねる。

「いま、一番しんどいことは？」

「自分で自由にできないこと。小学時代から腎臓の病気があって、発作も起こって、私の行動がすべて規制されてきた。そんなことだったから、親にも言えないしんどいことをたくさん体験してきた」

「それは自分がなくなってしまうような体験だったんじゃないの？」

「はいそのとおりです。いわれのない誤解の餌食にもなってきました」

樹の視線は、筆者に目をそらすことを許さない強さをもっていた。樹にみつめられながら、筆者には、そうした歴史のなかで樹なりに必死に自分を励ましてがんばってきた姿が目に焼き付くように伝わってきた。そのイメージのなかにいると、次のことばがふと口をついて出てきた。

「人にたいして怯えるというのも、なんとなくわかる気がします」

樹はすぐさま、

「どうしてですか？」

「自分がどんどんなくなっていって，最後に私は私なんだと言いたい自分まで刺激されたら身を守る他ないから」

「なるほど，よくわかります（しばらく沈黙）。この前，お父さんにドライブに行こうと誘われたんだけど，いやでしょうがなかった。なぜいやなのかを考えていたらわかったんです。私の足は車なんだって。小さいときから救急車，どこへ行くのも車の送迎。私は自分の足で歩きたい」

樹は少し喉を詰まらせ，涙を流す。

そうして，しばらくの沈黙。

「先生とは話しやすいので，先生と続けて会っていきたいです」

そこで，母親にも入室してもらい，三人で話し合い，樹の面接を中心にして，母親とは希望に応じて筆者が面接するという形態に変更になった。

面接後，筆者は次のように思った。樹はイメージしていたとおりの，聡明で個性的な子である。自分で語れる力をもっており，筆者の感覚とも合うので，彼女の語りをとおして「いかに生きるのか」というテーマに取り組むプロセスを大切にし，余計なことをしないことを最優先にしよう。樹の存在がどこまで筆者に抱えられるのかはわからないが，性のテーマには繊細にこころを向けながらも，筆者からは意図的には取り上げないでおこう。

4　樹との面接経過

●「気持ちノート」

面接が始まって約一カ月半の間，発作はまったく起きなくなった。樹は「気持ちノート」と自身で名づけた日記を持参し，一週間分の自身の気持ちを読んで筆者に伝える。筆者はそれを聴く。読み終えた樹は，毎回かならず筆者をじっとみつめる。筆者はそこに人間の迫力を強く感じる。このようなスタイルで，樹との面接が進んだ。樹がいろいろなことをしっかり考えていることがすぐにわかったので，その気持ちの流れにこころを添わせていくことが大切だと判断し，筆者は聴くことに徹してほとんど語ることをしなかった。

以降の記載のうち，《　》内は「気持ちノート」からの抜粋である（文意が汲み取りやすいように筆者が多少表現を改めた箇所がある）。

《なぜだかわからないけど眠れない。原因探しもしていない。身体は疲れているのに眠れない。そんな夜はしんどい。それでこの前，「時間」を止めることにした。「時間」という概念をなくしたかった。どうしたかというと，部屋中の時計の電池を抜いたの。それから本を読んだ。そのうちに眠ってしまった。でも、眠っていても学校関係のことが夢に出てくる。

好きなことができているときは楽しい。お花（華道を習っている）をしているときとか、友だちと話しているときとか、親友に手紙を書いているときとか、スペイン語をやっているときとか。でも、好きなこともなかなかできない。要するに元気が出ない。だるくってしんどい。

私の発作は、まさかの時の「自己防衛のシステム」の一つのように思う。つまり、何か自分の意志とは別のことが起こったりするとすぐに硬直して発作がひどくなる。発作のペースに合わせて「私」が動いていくのが身体にとってもこころにとってもよいことなんじゃないかと思う。ただし、無理は禁物。学校のこと、単位、進路、まあ、そんなのはゆっくりでいいじゃないの。

自分の意志と関係なく勝手にどこかに運ばれてしまうのはいやだ。意志表示したい。どうしたらいいのかな。ちょっと泣きたい気分。こんなことを考えていると、やりたいことがたくさんあってもちっとも手につかない（第一回）》。

次回の面接予定日に、樹は四十度近い熱を出し休んだ。筆者には発熱の理由が何となくわかる気がしたので、そのことを書き添えて、ゆっくり休むようにという内容の手紙を出した。

《学校側が保護者の同伴を許可してくれるのは、私にとってはとてもありがたいけれど、ちっとも一人立ちできない。主体は誰なのか。学校にいる間は、私は何に包含されているのか。

なぜかわからないけど、こころがすごくしんどい。すごく疲れている。気を抜いたら絶対に倒れる。私の発作はどうして学校で起きるんだろう。でも、学校以外では絶対に起きないと断言はできない。私は学校に何を求めているんだろう。「自分の一番よいと思うとおりにやる」というのは存在するんだろうか。

学校へ行くかどうか本当にすごく悩んで、最終的にお母さんとちゃんと話し合って、自分で決めて二時限まで行った。登校は一人で、下校は迎えに来てもらった。自分で決められたからよかったと思う。

熱が出た。四十度近くまで上がった。こんなことは十年ぶり。翌日は平熱になっていた。なんか、この発熱で、苦しんできたいままでのことが全部吹っ飛んだみたいで気分がすごく楽になった。私はもう発作起こらないいんじゃないかと思う。

中学時代の友だちからクラス会の誘いがあった。友だちに電話するとき、すっごい素直な、飾らない「私」がいた。自分のままでいられる自分が気持ちよくって、涙が出るほど幸せだった。クラス会に行けるかどうかはわからないけど、いまは体調がいいのでそれが嬉しい。私、やっぱりずいぶん変わった。そんな気がする。

皆藤先生からお手紙をもらった。私の思ってたことと同じみたいで嬉しかった。私の発作のエネルギー源はきっとあの日の熱で吹っ飛んだんじゃないかな。

今日は体育ができた。八年ぶり。ぼちぼちやけど、よくはわからないけど、道が開けた感じがする。

主治医に薬をやめたい気持ちを話してみよう。

クラス会に行けた。一人で出かけて、遊んで、一人で帰る。久しぶりだった。とっても楽しかった。でも、いつまで続くんかなあ。

主治医に、発作は発熱で吹っ飛んだみたいと話したけど、医学的にはつうじないんだな。薬は飲むように言われた。いやだ。あと一カ月、発作がなかったら薬をやめて受診もやめたい。私のなかで「もう絶対入院したくない」って思いがとぐろを巻いている。いろんな大事なものを入院で奪われたって気がするから。でも、発作にたいしては嫌悪はない。発作はもうすでに「わたし」なのかもしれない。

「もしも」がいつも私につきまとう。自分がやりたいことと周囲のことを考えると、いつも葛藤する。しんどい。くやしい。私は、いつ治るともわからない発作の完治を待ち続けなければならないのだろうか。

本当の気持ちを両親に話せなくなってしまった。私の言いたいことと親の受け取り方に食い違いができて、投げやりになってしまう。親との間にいつの間にか大きな壁ができてしまったよう。すごく無茶なことしたくてたまらない。叫びたくなったけど、入院させられたら絶対いやだからやめた。病院が一番いや。次は家。なのに家にいる私って何なんだろう。家出をしようと思った。この思いは三回目。でも発作という現実に直面して断念した。なんて不条理なんだろう。

今日は一人で登下校した。家に帰るのがしんどかった。何でこんなにしんどいんだろう。弟みたいに、親に言いたいことをストレートに言えない。

お母さんと食い違ってばかり。私はお母さんとは違う人間なの。お母さんの価値観とは違うところがあるの。お母さんの気に入るようにやっていたら「私」が消えるの。いろいろ話し合わなくちゃいけないんだろうけど、いまはその元気がなくて、「もういいわ」でほっといてしまう。このとき、ものすごく傷ついている自分がいることがわかる。でもだめ。私をお母さんの付属物としてじゃなくて、一個の人間としてみてほしい。

お母さんと話し合った。気持ちが軽くなった。話すって大事なことだなあと実感した。お母さんの胸に飛び込んだ。十年ぶりのことだった。怒っているお母さんはこわい。けど、泣いているお母さんをみると、私のこころがしくしくしくしてくる》。

面接の休みをはさんだ約二週間に、八年ぶりの体育の授業参加、十年ぶりの発熱、十年ぶりの母親への甘え体験と、樹にとって本当に大きな変化の連続であった。「ここ最近のことは、あなたにとって革命が起こっているんだと思う」と伝えると、樹は不思議そうに笑って頷いた（第二回）。

第三回は、「気持ちノート」は語られず、順調に過ごしている旨が直接語られた。母親との関係も良好であった。足の震えが起きたので受診したが異常はなく、それを聞いた母親が自転車に乗ったらと言うので、本当に久しぶりに自転車に乗ったとのこと。華道の話や趣味の話をひとしきり語り、「よくしゃべった」と帰っていった。翌週はクラス会に出席するので面接は休みとなる。そして、そのクラス会のときに、約一カ月半ぶりの発作が起こった。

●頻発する発作

約一カ月半ぶりに起こった発作は、その後も頻発するようになった。それによって、樹は現実とのさらに苦しい葛藤を体験することになった。しかし、樹の内省と思索はさらに深く強く、「いかに生きるのか」というテーマにかかわっていった。それは、死と表裏一体の孤独の体験であり、その体験をとおして生へとこころが向かっていった。

「気持ちノート」が中心の面接スタイルは変わらなかったが、少しずつ直接の語りが増えていった。

《倒れちゃった。ずっと自責の思いで一杯だった。くやしかった。悲しかった。苦しくて耐え切れへんかった。だけど、以前の自分とは全然違う。いまの私は明日からのこと考えてる。タフになったというか、発作に免疫ができたというか。でも、やっぱりちょっと寂しかった。だって、もう発作は起こらんぞーって思ってたから。

発作が起こったことは私にとって大事件だったけれど、発作はやっぱりこころのバロメーターだってことに、あらためて気づかされた。

「私」を身体で表現したい。発作が私の暴走を食いとめてくれたと思う。私、ちょっと調子よかったからってすごく欲張りになってた。その反面、つねにビクビクしていた。いつまた発作が起こって私の自由が消滅してしまうかって》。

「クラス会では、中学時代の自分を出して振る舞おうとして、結果的に発作が起きたと思う」。

「いまの自分をみんなに知ってもらいたい発作だったんかな?」

「あっ、そう、なんかそんな感じありますね。先生、私はカウンセリングと聞くと恐怖症ってぃうか、すごくいやだったんです。小さい頃からアトピーがあって、小学校から慢性腎炎で、不明熱。『三重苦』ですよね。それで入院していたんですけど、そこで、カウンセリングということでテストやらゲームをやらされたんです。テストは何の結果も教えてくれないし、ゲームだったら家でもするし、だからカウンセリングはいやだったんです。発作で入院した病院でもカウンセリングを受けたけど同じことでした。だから、ここへ来るのも抵抗がありました。対人恐怖症ということはいまはないけど、病院恐怖症ですね。薬漬けにされる恐怖。これは、今度の発作でよくわかりました。いまは、ピンとか包丁とかで自分が切られるんじゃないかという恐怖も、ときどきあります。……今回の発作で、自分はいつ死ぬかもわからんな、それなら生きてて楽しいことしようと思いました」

この語りは、筆者のこころに重く響いた。

「それくらいの覚悟で生きているということ、わかりました」（第四回）。

《「いつか必ず……」「そんな日が来るから」。周囲で言われることば。私のきらいなことばたち。絶対に反答《こたえ》のない疑問が湧き出てくるだけで、悩みの淵をさまようことになるから。「ちょっとずつ」「だんだん」。こんな類のものも避けたくなる。

わけがわからず涙が出る。鏡の前に立てない。眠れない。学校へ行きたい。遊びたい。一人になりたい。泣きたい。親を泣かせたくない》。

昨夜、自宅にて発作が起こったとのこと。気分の建て直しがまだ充分でなく、動揺が続いて不安、弱気になっていると語る。樹のしんどさが痛いほど伝わってくる（第五回）。

第六回でも、しんどい状況が語られる。

「発作はないけど、自分が自分でいたい状況を作らせない周囲のコントロールがしんどい。眠れない。食欲もない」

「まだこらえられる状況ですか」

「はい」

「こらえましょう」

第七回、この一週間、ほとんど毎日発作が起きていたとのこと。

「家にいたくない。見張られている感じがするから。学校にも行きたくないけど、家にいる方がもっといやなので学校へ行く。そして倒れる。……お父さんに将来のことが不安だって話したら、お父さんは私に縛られているんだって。それを聞いて無茶苦茶ショックだった」。筆者は、樹が存在基盤を根底から揺すぶられている状況を強く感じる。

次回、樹は来談せず、母親が来談する。「私は行かないから、お母さん代わりに行ってきて」と言われましたとのこと。筆者は、そろそろ母親との面接を考えていたので、樹の動きがコンステレーションに合っていると感じる。母親は、自身のしんどさ・不安を強く語った。

それから十日ほど待って、筆者は樹に会いたい旨をさりげなく記した手紙を出した。その翌日、筆者の手紙が届く前、樹から会いたいとの電話があり面接日を設定する。筆者と樹のこころの動きが波長を合わせていると感じられた。

《歩道で倒れて、デパートで倒れて、救急病院へ。病院はいや。看護婦さんが私のことを、まるでめずらしい生き物みたいにみる。痙攣ってそんなにめずらしいの。おもしろいの。ベッドの側で笑わないで、私、辛いのよ。

発作が起きると、身体もしんどいけどこころが重くなる。次に進む元気が出なくなる。悲しくなる。私は、一人で生きていけるようになりたい。一人で歩いていて発作が起きるのがこわい。死の恐怖がべったりとまとわりついている感じ。電車のホームで倒れるシーンがよく頭をよぎる。「私」はそれを望んでいるのだろうか。隔絶された場所へ行って自分と向き合ってみたい。私のなかに潜んでいる私を捜してみたい。

これまでは発作が起きても偶然に助かっていたけど、一つ間違えたら死んでもおかしくなかった。そう思うといまさらながらにこわくなった。とりあえず、いま私には生命があるけど。一人で歩きたいけどすごくこわい。それで、食事のとき以外はずっと寝てる。お母さんがそのことに小言を言わなくなって嬉しい。

皆藤先生から手紙がきた。

突然、家族旅行に行くことに決まって行ってきた。まさに「旅」にふさわしいものだった。夢のように楽しい時間だった。最後の方で発作直前までいったけど、自力で戻ってきた。旅から帰ってきて、私はちょっと元気になったみたい。少なくとも、どん底ではない。

原爆記念日には、テレビの前で家族で黙禱した。おばあちゃんが被爆者手帳をもっていると知った小学四年のときから、私にとって原爆にたいする思いは大きい》。

筆者は、樹をめぐる現実が樹を特別視し、さながらピエロになっていく姿を想う。また、樹にとっての発作は突然に抗いようもなく襲ってくるという点で原爆のようなものだと感じた筆者は、そのことを樹に伝えたが、樹は無言でじっと筆者をみつめていた（第八回）。

《苦しい。辛い。何なんだろうと思う。これまで私は、いろんな場面で自分のこころを奥深くに閉じ込めて耐えてきた。そうしなければ生きてこれなかった。小学生のころからそうして生きてきた。なぜ、耐えたんだろう。いまもこころの傷は深い。ズキズキする。

皆藤先生は発作のこと、「原爆みたい」だと言った。ある意味、そうかもしれない。

私は、これまで「自分」を外に出さずに生きてきた。素直になればなるほど、本当の私の姿が周囲にはみえなくなるから。安静を強いられている人間が体育で「走りたい」とつぶやくことのどこがすごいことなの。「病気なのにがんばった」んじゃなくて、「私がやりたいことだからやった、がんばった」。ただそこに「病気」なるものがあった。それだけのことやんか。

私は泣き虫だったのに泣けなくなった。こころで泣いて、気づいたら「強い子」と言われるようになっていた。悲しかった。辛いその瞬間には泣けずに、一人になってからとてつもなく大きな寂しさ・辛さ・悲しさが襲ってきて涙してた。声をあげずに泣いていた。いまもやっぱり一人で泣いている。

一番素直な私を知っているのは私だけだとはじめて気づいた。私と両親とは別だなあってしみじみ思った。お互い違う人間なんだから、価値観が違って当たり前。たぶん、「一番私らしい」と私が思っている「私」を両親は知らないだろう。いまの私は、あえて他の人に合わせずに、自分の好きな方向をみている。私は私だから。こうするより他にないと思う。

私、転校したこと、後悔してない。よかったとすら思っている。発作はしんどいけど、ときとして私を助けてくれる。だから、転校した理由を発作のせいだけにしたくない。私は転校して絶対よかったと思う。だって、私、発作が起きてから変わったもの。うまくことばにできないけど、前よりは周りに転がっている幸せをみつけるのがうまくなったと思う。

何にもないんやけど、しんどい。一日中、寝ていた。両親は、なかなか精神的にも大変だろうと想像する。お母さんの居場所を奪っているような気がする。お母さんの幸せって何だろう》。

しんどそうな表情が存在ごと筆者に発せられている。発作は起こっていない。筆者は、ここでの作業について相互確認する。樹が生きてきたことの意味、生きることの意味を樹なりに考えていく仕事に筆者が付き添っていることを、樹と確認し合う（第九回）。

次の面接予定日の前日、母親から面接希望の電話が入る。意外であった。何か起こったのかとも危惧したが、ともかく樹との面接の後、会うことにした。

《主治医もお母さんも、ときどき勉強のことを聞いてくる。でも、その前にもっともっと私の生活の大切なところを聞いてくれてもいいんじゃないの。はっきり言って、いまは勉強には関心がないのよ。私は、十八歳やそこらで「人生のわかれ道」なんておかしいと思う。もっとゆっくりでいいんじゃない。一つ年をとるごとにみえてくるものも多くなるし、変わるし。夢を大切にしたい。焦ることないと思う。本当に学びたければいつからだってできると思うよ。動けないときは動ける瞬間が来るまで待っている。つかみ損ねないようにエネルギーを溜めてるの。だから止まってるんじゃないんだよ。

お母さんは私がテスト勉強していないのがそんなに不満なの。私はお母さんとは違う人間なのよ。押しつけはこりごり。私の発作は、前の高校でテストの直後にも起こった。だから、テストがこわい。気づいたら、いま、右手がペンを持った状態で硬直してた。こんな状態でテスト受けろって言うの！　何だかしらないけど、ずっと微熱が続いている。しんどい。またあの「不明熱」とかがきたんかなあ。私の周り「不明」ばっかり。吐きそうなほど気持ち悪い。

お母さんが主治医を代わろうと言い出した。でもね、私はそのことにたいして、いまは何も言えない。相次ぐ医者たちのことばとかで疲れ切って、医者不信めいたものがあるの。医者はあんまり信用してない。行っても疲れるだけ。主治医を代わっても、この気持ちがついてくると思うとしんどい。医者が言うほど簡単に解決する問題じゃないのよ》。

母親からの面接希望があったので何か起こったのかと案じたが、樹の語りは筆者には深くしっかりと自身をみつめているとの印象を強くした。

母親の面接希望は、主治医交代の件についての相談であった。筆者は、この件について、主治医交代によって生じる現実的なことがらを話し合い、最終的には樹と筆者との話し合いで決めたいと伝える。母親は納得するが、筆者には、母親が自身の不安の軽減のために主治医交代を希望しているような気配も感じられた（第十回）。

翌、第十一回、樹は「しんどい」とだけつぶやいて、無言。生きることに苦悩する存在が丸ごとそこに在る。と同時に、樹のなかで、少しずつではあるが確実に変容が進んでいると強く感じられた。筆者も無言で時をともにする。

かなり経って、

「今日は親友を紹介します」

樹は、カバンから熊のぬいぐるみを出して横に置く。

「クマータと言います。一人のとき、クマータと話しています」

筆者はこれまで、樹が自室に一人でいるときの姿をイメージしてきたが、そのイメージと樹の語りがぴったり一致したので、ああやはりそうだったのかと思った。

樹はクマータを撫でながら、

「割り切れないことがわかったので、割り切らないことにしました。その方が辛い！」。抱えることの深い覚悟を、筆者に伝えたことばであった。

第十二回、開口一番、

「先週休み（祭日）でしんどかった」

深いため息とともに語る。

「でも、なんとかはい上がってきました」

現実の事情を聞くと、先週末から発作が頻発し、とうとう学校の階段を降りる途中で発作が起こりけがをした、けが自体はたいしたことはなかったとのこと。

「発作の前兆を感じたのに、無理してテストを受けたのがよくなかった」

それから「気持ちノート」を語る。

《テストは受けたくない。だったらあきらめたらいいんだけど、そこで悩んでしまう。こだわってしまう。だったら思いっきり苦しんじゃおう。押し込めたくても無理だし、押し込めたくもないし。いつも綱渡りで、明日の約束はできなくて、その日を生きている。死んでない。学校の階段で発作が起きてから、外出が恐ろしくなった。いつ死ぬかわからない。「死」っていうものはふつう突然にやってくるものだけど、絶えず死を意識して暮らすというのは、こわい、しんどい、苦しい。主治医や両親の言うことは理屈。そんなに簡単じゃない。薬で治れば世話ないわ。

十姉妹《じゅうしまつ》たちが来て嬉しい。何もできないとき、動物みてると飽きない。おもしろい。卵を産んだ。抱卵している。餌食べた。掃除した。ちょっとしたことに一喜一憂して鳥たちをみている。

着替えるとき、身体ががりがりなのをみて、いやになった。私の腕じゃないみたい。私の身体じゃないみたい。ヘアピン付けても大丈夫な身体、コンタクトレンズしてもいい身体（筆者注　発作時、身体が傷つくことのないように、装飾品などを身に付けることは主治医から禁止されていた）、一人で動ける身体を私のものにしたい。死の恐怖がまとわりつかないようになりたい》。

樹の語りを聴いていると、「死」に近いところで生きている姿がひしひしと伝わってくる。そして、苦しみながらも少しずつこころが鍛えられていることを思う。

それから、次のような会話が交わされた。

「してもらう人には、自分でしたいのにしてもらわねばならないので文句を言えず、自分のできることを頑張ろうと思い、勉強に頑張ってきた。それで、体育休んで勉強して、などと誤解されたけど、強くならないといけないと頑張ってきた。強さのためのエネルギーは課外活動や自由勉強でもらっていた」

「いまはどこでもらっているの？」

「いまは強くなろうと思っていない」

「それはすごいね。でも、本当の意味で強くなる仕事をいましているんだと思うんだけど」

「そうです。勉強や学校に強さの価値があるんじゃない。……でも、苦しい、辛い」

しばらくの沈黙の後、筆者から病院のことを尋ねてみると、

「小児科（慢性腎炎の治療）はいいけど、心療内科はいや」

「じゃあ、やめたら？」

「やめたい！　けど、病院の事情もあるようだし」

「強くなってきてるね」

「えっ？」

「以前はしてもらってる人には文句は言えなかったんでしょう」

「ああそうか。そう、強くなってると思う」

この回の後、筆者は母親に、主治医交代はいま少し待ちましょうとの連絡をする。

第十三回では、柔和な表情でこの一週間を語る。

「弟と話をしていて、話題が原爆慰霊祭のことになった。そこで、なぜ「祭」と言うのかという話になって、弟が被爆者をばかにしたようなことを言うので、弟に向かってお茶をぶっかけた。はじめて。家族はみんなびっくり。唖然としていた。だけど、二時間後には、二人とも謝って仲直りした。……しんどいこともあるけど、見方を変えると見え方も変わることがわかってきました」。

そして、発作について、

「この一週間、発作は軽いのが一回だけありました。どうも生理前後に発作があるようです。はじめて発作が起きたのは、自分で何かを表現したいという欲求が高まっていくなかでのことでした。ある意味で、そういう欲求が発作を引っぱり出したんじゃないかと思います。一種の爆発・革命。そんなことばに代表されるものです。いまの私は、歩きながら転びながら行動していくのもいい方法だと思います」

また、友だちからの手紙に感激して、その日はゆっくり眠れたとのこと。これははじめてくらいのことらしい。最後に、主治医を代えてほしいとみずから希望する。

●発作を抱えて生きる

第十四回以降、「気持ちノート」はなくなり、直接の語りが中心となって面接が進んでいった。「学校で軽い発作を起こし保健室で泣いていた私をみた母親が〈泣くな〉と強く言った。それが悲しかった。どうして泣いたらあかんの、泣くこともできんのやったら学校なんか行かんと決めて、それから学校へは行ってません」

母親のこのことばは昔から言われ続けてきたもので、慢性腎炎で動きたいのに運動を止められて泣いている樹に、母親はよく「泣くな」と怒ったそうである。

「だから、学校へ行かないのはそれにたいする反発です」（第十四回）。

第十五回から第十七回では、主治医交代のことがテーマとなった。現主治医には樹みずから話をするとのことで、筆者もそれを了解し、近隣の心療内科医を紹介することになった。筆者から母親にもその旨を説明した。そして、樹は現主治医を受診した。

「心療内科に行くんやと思うとそれだけで発作が起きそうな気分になったが、主治医に私の思っていること、疑問を率直にぶつけてきた。主治医からは私が一番きらっていることばが返ってきた。学校へ行ってないのは悪い状態、ぼーっとしてるとろくな人間にならないって。どんなことがあっても、もうここへ来ることはやめようと思った。やめたことで気分がすっきりした。いま考えたら、よくあんなしんどいところへ月一回も通っていたなという感じがする。私にとってあの時間は傷口に塩を塗り込みに行ってるようなものだった」(第十六回)。

そうして樹は、筆者からの新主治医宛の紹介状を手に、母親とともに新主治医を受診した。樹はみずから、薬は発作にたいして効いているとは思わないこと、発作は心理的なものだと思うことを話し、新主治医もその意向に添って対応することになった。しかし、そこで樹は発作を起こした。新主治医の報告書には、「診察室から出て、待合室で失神発作が出現したので、ベッドに運ぶと典型的な後弓反張が起きました」と記されてあった。

「新しいクリニックへ行くのはすごくいやだった、家に帰ってから両親に、心療内科にはもう行かないと宣言しました。主治医がいやというんじゃなくって受診そのものがいや。患者として扱われるのがいや。ちゃんと私をみていない。こんなんはいや」

そうして、両親の同意を得て、樹はみずから決断して心療内科受診をやめた(第十七回)。

第十八回から第二十回は、発作を抱えて「いかに生きるのか」というテーマへの取り組みが語られた。この期間はおそらく樹にとってはもっとも苦しい時期であったと思われる。発作もしばしば起きていた。樹が両親に、「発作も私の一部なんだから認めてほしい」と涙ながらに訴えた回、次のような回想が語られた。

「小学四年のとき、体育で見学してると、同じように見学していた転校生が〈どうして見学してるのか〉と聞いてきた。〈腎臓が悪いから〉と言ったら、その子は〈私もそうやねん〉と言うので、友だちを得た気持ちでいろいろ話していると、その子に〈なーんて、嘘やねん〉と言われ、途方もなく傷ついた。このことはいままで誰にも話せなかった」。以来、樹は自分のことをすべて話してから、わかってくれる人と友だちになることにしたと語るが、筆者はこの辛い体験を聴きながら、樹を存在ごと抱えることの重さを味わう。

「言いたいことが言えない。言うと逆に傷つけられる。変な同情される。それで言わずに抱える。抱えると自分が傷ついて、どうしていいかわからなくなる。私は、発作は一つの自分の表現だと思う」（第十八回）。

樹は、十姉妹《じゅうしまつ》を飼ってからその生育日記をずっと記しているが、それをとおして生きるということについて、本当にいろいろ教えられたと語る。その話をひとしきりした後、

「私は人に頼られたくない。私が発作を病気と思っていないのは、そうなると頼ってしまうから。病気も私の一部として私は認めていきたいし、本当にそう思う。発作のときの私も一人の私。それを外の力でどうこうしてほしくない。それを抱えて生きることが私には必要。そう思えるようになった」

深い感慨をもってこの話を聴いた筆者は、少し涙ぐみながら、

「よく頑張ったね。よくそこまで思えるようになったね」。樹も涙ぐんでいる。

「もう一人の私はいまごろ、どこで何しているんでしょうね？」

「ねー。感謝とまではまだいかないけど、いろいろ教えられたし勉強させてもらった。ありがとうという感じ。……こういうこと、これまで誰にも言えなかった」

自分の内にもう一人の自分を抱えていくプロセスを歩んでいる樹の姿に、筆者はさわやかさすら感じた（第十九回）。

こうした印象深いやりとりのあった翌日、樹は両親に、筆者に語った内容を話して発作を止めないでと訴えた。両親はじっと聴いてくれたとのことであった。そして、自身の最近の変化を話してくれた。

「最近、〈～しなくちゃ〉とか〈頑張らなくっちゃ〉とかいう感じが減ってきて、〈まーいいか〉という感じになってきた。そうすると、ぼけたことをやるようになってきて、バスに乗り間違えたりとかする。一年前に比べると、自分のこころが変わってきているのが自分ではっきりと感じられる。昨夜、自宅で発作が起きた。発作中に、〈あー、そういえば最近こっち（発作の自分）の言うことあんまりきいてこなかったなー〉と思った。バランスを大切にしなくちゃと思う。発作が起こってからすごく寂しくなった。一人ぼっちの寂しさがやってきた。この孤独感は発作が起こるまではなかった。病院の個室で一人で夜を迎えるときの孤独感。たまらなく人と会いたくなる。それで、弟と一緒にクリスマスの飾り付けをした。学校へも自分と相談しながら行ってます」「こころが大きく変わりつつあるから、身体をいたわるようにね」（第二十回）。

●母娘関係の変容

発作を抱えて生きようとする樹の姿勢は母親との関係にも影響を与えることになった。第二十一回から第二十三回ではそのことがテーマとなった。この間に軽い発作が二度起きているが、それ以降、現在まで発作はまったく起きていない。

「お母さんと一緒に通学することが苦にならなくなった。いろいろ話をするなかで、お母さんが〈この前あんたが発作をとらんといてほしいと言った気持ちがわかったわ〉と言ってくれて、それからお母さんは発作に怯えなくなった。そうすると、私もお母さんと一緒に動くことがしんどくなくなった。お母さんも、私と一緒に動くのはいやじゃないと言ってくれて、嬉しかった」

母親との登下校も大切な時間になっており、樹はこれまで苦しくて言えなかったことを母親に語るようになっていった（第二十一回）。

筆者は、家族の再構成を樹がやっていること、慢性腎炎と発作で苦しんだ体験が母親との語り合いのなかで樹に収まりつつあること、みずから決断して心療内科をやめたことなどから、コンステレーションが新たな収まりをみせつつあると感じた（第二十二、二十三回）。

年が明けてほどなく、弟が卒業間近ということで、母親は弟の生い立ちの記をまとめ始める。樹もその姿をみて、母親が作った自分の生い立ちの記を読み進むようになる。母親が実に几帳面に資料をまとめていることが樹の話からうかがえた。それはちょうど、樹が飼っている鳥たちの生育日記をイメージさせた。樹はそれを持参してみせてくれたが、実に几帳面に書かれており、育児日記さながらであった。第二十四回から第二十六回は、樹が母親の作った生い立ちの記を読み進みながら感じ考えていったことが語られた時期であった。

「お母さんは最近、〈今日は店屋もんにするか〉とか〈お母さんちょっと出かけてくるわ〉とか、これまでに考えられなかったことをするようになっている」

「そういうお母さんはどうですか」

「好きです！」。樹があまりにはっきりと答えるので、二人で大笑いする。

「お母さんも、いままでやりたいことができてこなかったと思うから」（第二十四回）。

また、生い立ちの記を読んで、小学六年のときの自分の文章は、周囲との協調をすごく気にしている内容で、病気のことなどいっさい書いてなかったことに気づいてとても驚いた、ということも語られた。

「困った小学生やったんやねえ」との筆者のことばに、二人で笑い合う。

「でも、そんなん、悲しすぎて書けるはずもなかったよね」

「はい、そのとおりです」（第二十六回）。

この時期、樹は幸福とか生きる意味について考えながら、自身の将来に視野を向けるようになっていった。また、一人で来談するようにもなった。

●発作の消失をこころに収める

第二十七回から第三十回では、発作が消失したことをこころに収める作業が行なわれた。樹はまず、次のように語った。

「発作が起こるときの感じと性的感情が高まるときの感じが同じことに気づきました」

これについては筆者は深く取り上げずに、少女から女性へのプロセスに話を向けることにした。

そして、子どものこころを失わない大人になることについて語り合った。

「女性になっても少女のこころはなくさずにやれると思います」(第二十七回)。

このころの樹の語りは、一つ一つが筆者のこころにしっくり入ってきて、こころの現実と日常とのバランスはもう問題なく保てる状態にあると思われた。テストの時期も、樹はまったく問題なく過ごした。問わず語りに樹は、

「なんでこんなに変わったんでしょうねえ」

「不思議やね」。しばらくの沈黙の後、

「時間が私の流れになっていると思います」(第二十八回)。

また、発作については、

「発作のない自分というのは、ちょっと悲しいというか、いなくなってしまったんやなあと思う。でも、もし起こっても、あ、きたんやなーという感じかな。発作のときの自分は怒りの表現だったと思う。自分の意志で動いているんじゃなくて他人の意志に動かされていることへの怒りというか。いまは、人にたいして怒れるようになってきた」

筆者はこの語りを嬉しく思うと同時に、発作をなくした樹の悲しみが強く伝わってきた。

「悲しいということと愛しいということはくっついている」

「以前は悲しくないようにやってきたから、愛しいがくっついてなかった」（第二十九回）。

第三十回では、樹は次のように語る。

「自分の気持ちに素直になろうということと、自分の居場所に安心しないでおこうという二つのことを決めたら、自分がいなくなる感じがなくなり籠もり始めた。家族以外の誰とも会わない日がずっと続いて、その間、いろいろなことを考えた。自分のこと、将来のこと、性のこと。それから徐々に片足が殻から出てきた。その翌日が、先生に会う今日だった。考えてる途中はカウンセリングもいやって思った」

「それって大事だね」

そして今回、初めて夢が報告された。

〈夢〉　発作が起きている。自分で、あー発作に逃げているなーと思っている。

筆者はこの夢を聴いて、終結を直観的に予感し、次のように尋ねてみた。

「ここではどうでした？」

「自分で考える場所と空間をもらった大切なときだった」

「よく来たよね」

「そう思う」

しばらくの沈黙の後、

「いまは？」

「めんどくさいなって感じ」

「うん、いいね。私のことばでは、そろそろかなあ、という感じかな」。二人で笑い合う。

そして、話し合って、あと一回で終結ということになる。母親にもその旨を伝えてもらうこととし、三週間後に会うことにする。

●別　れ

三週間の間、発作はまったく起こっていない。

「あー、発作があると楽なのにと思うときがあるけど、そんなときは発作に逃げようとしているんですね」。筆者は頷きながら聴いている。

また、この間、樹は母親とともに遠方にある両親の実家に行ってきたという。まず樹は、母方実家での体験を次のように語る。

「祖母は子育てを引退してから短歌をたしなむようになって、母や病気の私のことが詠まれている短歌をたくさんみせてもらった。それをみて、母親のことがすごくわかった思いがした。家に帰る途中、留守の間、鳥たちは大丈夫かなと思ったが、そのとき、これが母なんだと母を知りました」。しばらく泣いている。

「これは母にはまだ話してない。いまはうまく言えないから」

「大切な宝物だよね。いずれ話せる日がくると思うから、それまでは……」

「はい」と、にっこり笑う。

しばらくの沈黙の後、

「お父さんの実家へは突然に行こうと思い立ったんです。それで母と二人で行きました。実は、実家の祖母は看護婦をやっていたので、話せばすぐに私のことがわかると思ってこれまで話しにくかったんです。だけど、今回はスラスラと自分のことが話せた。祖母は〈それは神経症やね〉と言った。実は、私がここにカウンセリングを受けに来たのは、先生からの手紙で、先生が病気じゃないって書いてくれていたからなんです。でもいまは、私は神経症だったんだって素直に思える。それで祖母とも素直に話ができて嬉しかった」。笑顔で語る樹。

「あなたが神経症だったという事実は、あなたの人生の歴史から消えることは絶対にないよね」

「はい」

「でも、そのことがあなたの人生の営みのなかにちゃんと収まったってことかな?」

「そう。突出しているんじゃなくて、収まった」

「頑張ったね」

二人でしばらく沈黙のときを過ごす。

「あなたが病気じゃないと手紙に書いたのは、病気のあなたに会いたいということじゃなくて、あなたという人間に会いたかったからなんです」。樹は毅然とした表情で大きく頷く。

「カウンセリングにはどんな意味があったのかな？」

「いまはとても口では言えない」

それからしばらく雑談をして、何かあったらいつでも連絡してほしい旨を話し、母親に入室してもらう。母親は樹を横にして、次のように語った。

「今日が最後ということで、私もそれに納得できる感じです。というのは、娘の生い立ちの記を整理し直していたんです。娘と学校に行って保健室で娘を待つ間に。それまでは、待っていても、発作が起こったという電話がいつ鳴るかとこわくてこわくて、それは家にいても同じ思いで。ですから、保健室で本を読もうとしてもちっとも読めなくて。でも、生い立ちの記をまとめ始めたら、娘のことなんかすっかり忘れてしまって、もう夢中で。ダイジェスト版を作って娘に渡しました。それでふっきれた感じなんです。娘はこんなにもたくさんの人に暖かく見守られながらここまできたんだなーって思います」

母親の涙を流しながらの語りを聴いていて、樹も涙を流す。

「でも、こわいことはまだこわいです。娘は次々にやりたいことを言い出すし、不安です」

「樹さんは相当に強くなられましたよ」

「そうですね、そう思います。これからは早く娘とけんかをしたいなと思っています」

笑顔の母親。

そうして、三人でしばらく和やかなときを過ごす。母親にも何かあったらいつでも連絡してほしい旨を伝え、「長い間、本当にご苦労さまでした」と別れた。別れ際、母親から手紙をいただく。そこには、次のような母の思いが記されてあった。

娘が自分らしさを取り戻していくのを実感しています。親としての私は、先生の「お母さんとしては、どこで倒れるかもしれない子どもから離れられないのは当たり前のことですよ」という一言で窒息状態から抜け出ることができました。そして、不思議なことに、そのときを境に子どもから離れられる自信がついてきたのです。まだまだこれからもいろいろあると思いますが、ここまでこられたこと、感謝の気持ちで一杯です。

5　樹との再会

約五カ月後、樹から手紙が届いた。そこには、元気で過ごしていることと、筆者とのカウンセリングの意味について考えているといった内容が綴られていた。筆者から返事を出してしばらく後、会いたい旨の連絡が入り、ふたたび出会うことになった。

ふっくらしてにきび顔の元気な高校生の姿で樹は現われた。発作はまったくなく、元気に過ごしているとのこと。ヘアピンやイヤリングが印象深い。

「ときどき発作に逃げたいと思うことがある。でもそう思っている自分も自分だと感じると、現実をみつめる自分が戻ってくる」

「いま悩んでいるのは、生き方のポリシィを定めるかどうかということ。定めるとそれ以外の生き方はできないし、それが本当の自分の生き方かどうかわからなくなる。どう思いますか」

「ポリシィを定めないと生きていけないというのはおかしい。生きるプロセスの後にポリシィはくっついてくる。それが創造ということだと思う。そう思ってあなたに会ってきた。どうですか、それは辛いことですか」

「私もまったくそう思う。辛いとは思うけど、そうしながら生きていくのが、抱えながら生きていくのが人生だと思う。実は、このことは二日前に思い到ったことですけど。でも、こういう価値観は母親とずれる。母親は、そう思うのは発作の後遺症だと言うけれど、どうですか」

「そんなことは絶対にない」

間髪入れずに、

「そうそう、私もそう思う」と樹。

「あるとすれば、ここでやってきたことの後遺症かな」。二人で笑い合う。

「お母さんとのずれはなくならないと思う。でも、そうであっても、お互いに人格をもった者同士として認め合っていくことが大切だと思う」

「はい。母とはそんな話をしつつも仲良くやっています。今日もこれから母と一緒に安野光雅の展示会に行くんです」。樹はにこやかに語った。

そして、筆者との間でやってきたことを哲学しながら考えてきたと語る。パスカル、キルケゴール、ニーチェ、デカルトを読んで省察を書き、いまはリルケに取り組んでいるとのこと。手渡された数篇の哲学省察は、いずれも深い思索で自己をみつめたもので、筆者は深い感動を味わう。最後に、ここでやってきたプロセスを自分なりにまとめたという省察を樹は筆者に手渡す。以下は、樹がまとめた筆者との心理療法のプロセスの全文である。題名が付してなかったので、筆者はこの省察を「創造」と題した。

創造

ありのままの生を過ごしているなかで、私でない何かを感じるときがある。それは閃光のように私を走り抜ける。その正体はわからないのだが、私であって私でないようなものなのだ。私はそれを「内なる声」と呼んでいる。この「内なる声」は、私にいろいろなことを教えてくれる。あらゆる想いを呼び起こし、勇気をさえ与え、そして思考のなかへ引きずり込んでゆくのである。

あるとき「内なる声」は私に「自己の崩壊」をささやいた。驚いたことに、その瞬間、私の自己は崩壊したのである。

あの「自己の崩壊」は何だったのか。そして私を走り抜ける「内なる声」とは一体何なのだろう。またいつものように、思考のなかに落ちてゆくとしよう。

＊　＊　＊

人がもっとも恐れているものは何だろうか。生きるなかで感じる恐怖・孤独・疎外感・苦悩などはたしかに大きな不安の原因となるものだが、視点を変えれば、生きているからこそ生まれるものである。その生きる行為自体が終わってしまうことが、恐れの最たるものではないだろうか。

先人の思想の端々にみることのできる生の定義（あるいは死の定義）、そして現在われわれが直面している脳死などにみられる死の定義は、そう安易にできるものではない。人の数だけある生と死との意義を、いまの私は真理にまで高めることはできない。だから現時点において私は、私自身の死を受け止め、生を貫かなければならないのである。

生のなかの死への恐怖。たとえば、確たる治療法のない病いをもった患者が病名を告げられたとき、彼らはいかにしてその恐怖を克服し、生へのエネルギーに転換させるのだろう。それには、自己の内部において死を肯定するより他にない。一度死の恐怖に取りつかれ、かつ超克した人は、ある意味で強い。末期癌の患者が告知後穏やかになったという報告をよく耳にするが、これと同じだ。それは死をやみくもに恐れるのではなく、死と正面から向き合った結果として、自分における生の意義がみえ始めてきているからではないだろうか。

＊　＊　＊

では、死を超克した人に恐怖はもう存在しないのだろうか。否。肯定したとは言ってもやはり死の恐怖はたびたび襲ってくる。しかし私は、また別に存在し得る、死以上の恐怖を思う。それは自己の崩壊である。

死が肉体の崩壊に表わされるとするならば、自己の崩壊は精神の崩壊である。それでも、崩壊したままで生きていかねばならないところに自己の崩壊の苦悩がある。

自己の崩壊とは、他者によるものではない。また嫌悪感からくる自己の拒否でもない。それまで信じてきた自分、「私」が他でもない「わたし」によって侵され、さらに犯されることなのである。

他者や相対的価値にもとづく自己否定ならば、それらの根源となる対象人物や集団を避ければよい。同様に自分の能力や過去の行動にたいする嫌悪感は、それらを受け入れることで自己の再出発となる。どちらも自己に修正を加えることで、拒まれることのない自分を手に入れることができるのだ。

しかし、みずからによって壊された場合は違う。修正を加えようにも、おおもととなる自己はすでにないのだ。「私」を築いてきた歩み・歴史、それらは「わたし」に壊され、意志・思想の源となる真理と思ってきたものが崩壊するのである。これは「私」がすべて消え去ったようにみえなくもない。だが消失したわけではないのだ。「私」を構成する要素はそのまま何ら変わらずにそこにある。構成要素が集まって形作った構成物が崩れたのである。

＊　＊　＊

では、「私」の構成要素とは何だろうか。精神領域における「私」の断片は、先天的なものと後天的なものとに大別できるだろう。これら両者が揃ってはじめて人間は成り立つ。そして私は、その中身は次のような順に、先天的なものからより後天的なものへと移行すると考える。

天性のもの（先天的なもの）。育った環境、周囲からの刺激、精神的自立後の環境、本人の内観（以上、後天的なもの）。

後天的なもののなかでもっとも大きなウエイトを占めていると思われるのが、育った環境である。子を育てる過程で「夫婦間での育児の方針」が問題にされるように、親の影響は大きい。生を受けた瞬間から生命の、そして誕生の瞬間から精神のすべてを親に委ねているわけである。反抗期に代表されるような反発や抵抗は、親を一度無条件に吸収してからのできごとだ。自我の発生の根底には、親の思想が流れていると言えるだろう。キリスト者であった者がキリスト教を嫌ってそれを否定しながらも、つねにそれにこだわり続けて生きるのと同じように、それらをまったく別個のものとして、ありのままに受けとめることができなくなってしまっている。だから親の影響と天性のものとの境目は、なかなかはっきりとはしないのだ。

＊＊＊

「わたし」のエネルギーにより自己が崩壊し、構成要素が散らばった。逆に言えば「私」の自己は「わたし」に壊される程度の構想物だったのである。信頼の念は、その相手の意志を尊重せずに行なわれ、やがて崩れ去る。なぜなら人は変化するものだからである。そのような信頼を確たるものと思い込み、その矛先をおのれの方に向けてきたことが崩壊につながったのかもしれない。自分によって壊されるような自己を、はたして自己と言えるだろうか。自己でないのならば、これは自己になりきれなかった「私」像になるのではないだろうか。自己に成り得なかった理由を、私は前述の、環境からの思想の流入にみる。

「私」は自分自身で作り出したものばかりでできているのではない。構成要素が複雑に絡み合った構想物であり、その大半は親や周囲の思想を汲む。これが社会的批判の対象となると、「偏見」と呼ばれるものにみられるように、それらは無意識的なほど奥深くに植えつけられている。いったん無条件に飲み込んだものを一つ一つ掘り起こし、自分に引き寄せて吟味するのは不可能に近い。

しかしいま、自己は崩壊したのである。望んでいたものにしろ、いなかったものにしろ、「私」のなかにあった構想物は壊れた。だからもう掘り起こす手間はいらない。これから掲げるべきものは、悲哀の歌ではない。苦悩の叫びでもない。創造である。「私」は新たに「私」を創造してゆく存在なのだ。

＊＊＊

「私」のなかで「私」像は、「わたし」にかぎりなく近く、それでいて「わたし」のもっとも遠いところに位置している。

「私」の歴史によって作り上げられた構想物、すなわち崩壊してしまった自己は、崩壊の瞬間までそれ自身が構想物であることすら知らなかった。いまから新しく創造していく自己。それを「私」は構成要素の散らばる新地に創ってゆくことができるのだ。そこには可能性が溢れている。何を、どこに、どのように創ってもかまわない。さらに言えば、「私」像を「わたし」にすることも可能なのだ。そして、「私」が「わたし」と一つに成り得る唯一の可能性もまた、まさにここに存在するのだ。

＊　＊　＊

私を崩壊せしめたのは「内なる声」という、一種の私である。「私」と「わたし」、どちらが本当の私なのかそれはまだわからない。しかし、自己を崩壊させるだけのエネルギーが、私に内在していたという素晴らしい事実を知ったのだから、今度はそんな「私」の創造のためのエネルギーを湧き出させることも可能なはずだ。

おのれを肯定せずして創造はできない。崩壊した自分を隅に押しやりつつの創造は、結局は創造にならないのだ。一度崩壊した自己そのものが、けっして悪いものではなかったことを、そして、それなしには新しく創造してゆく「私」もあり得なかったことを、まず認めなければならない。だから私は肯定を拒まない。それに続く創造を恐れない。

私に考えさせたこの「内なる声」。どれだけ悩んでもその正体はつかめないままである。「内なる声」の問いかけにたいする答案の方がいつも先に出てしまう。つねに私の傍らにいながら姿をみせない「内なる声」と一つになれるような「私」を創造してゆく、それが私の最大の課題である。

6　エピローグ

最後の出会いから約八カ月後、樹から手紙が届いた。樹は、週に数日、定時制高校の保健室で養護教諭の手伝いをしながら、さまざまな生徒に接することを自身の大切な日常にしているとのこと。筆者には非常に印象深い内容であった。そして、ある敬愛する年輩の人についてふれ、樹にとっての筆者の存在が次のように綴られてあった。それは、樹のこころに筆者が収まったことを告げていると思われる。現在、筆者も樹とまったく同じ思いでいる。

「私は、敬愛するその人とつき合うように、皆藤先生とおつき合いさせてもらいたいと思います」

7　考　察

●はじめに

本章冒頭に述べたように、この事例は現代の心理療法・教育を考えるうえで貴重な示唆を含むものである。このような視点から、本書でこれまで論述してきたことを踏まえて、事例全体の流れに沿いつつ、以下の諸テーマについて考察することにする。

●母親面接の意義

出会いは母親からであった。きっかけは樹の発作であった。樹の自主性を尊重したいという思いと、発作にたいする不安感との間で、母親は深く葛藤していた。樹との分離を指示する主治医の姿勢がその葛藤をより深くさせ、母親はまったくどうしてよいかわからない心理的状況にあった。それは、母親からの手紙に明瞭に見て取ることができる。しかも母親は、このような葛藤を樹が発作に見舞われる以前から抱えていたと思われる。

樹は、慢性腎炎、不明熱、喘息、アトピー性皮膚炎など、幼少期から身体にかかわる多くの困難を抱えており、とくに慢性腎炎によってその行動は著しく制限されてきた。保育所時代の元気で活発な樹を知る母親にとっては、慢性腎炎が樹を見舞った七歳時から、上述のような葛藤を体験していたことは容易に推察できる。そして、樹の発作によって母親は自身で葛藤を抱えていくことがいっそう困難になった。すなわち、心理的に極限近くまで追いつめられた状況に陥ってしまったと思われる。来談当時、樹はもとより、母親も母親としての自主性を失う危機に瀕していたと言えよう。

このような深い葛藤のなかにあって、安易な解決を目指すのではなく、母親としてこの葛藤状況を「いかに生きるのか」を考えていく姿勢で心理療法の場を訪れた母親に、筆者は強さと可能性を感じる。安全策をとるならば、つまり樹の自主的な行動を制限・禁止することで母親のこころが収まるのであれば、来談することはなかったであろう。

一般に、親や教師や医者は、思春期の子どもの行動にたいして安全策をとろうとすることが非常に多い。そうした姿勢は、子どもにとっては大人への不信感を強くすることにつながる。たしかに、子どもの自主性を尊重することは多くの危険をともなう。樹の場合、その危険は死と直結するものであった。しかし、そうした危険を覚悟をもって引き受ける大人が、現代を生きる子どもには必要ではないか。それはまた、葛藤を抱える大人の姿勢でもある。そうした危険を引き受けることなく子どもの行動を安易に制限・禁止することは、こころのエネルギーをさほど必要としない、たやすいことである。しかし、そこから生まれるのは、安全を代償にした子どもの大人にたいする不信感ではなかろうか。

思春期を生きるというのは、子どもにとって容易なことではない。実に大きなこころのエネルギーを必要とすることなのである。それを受けとめるには、大人の側にも相応のこころのエネルギーが必要になる。誤解のないように付言しておくが、筆者は子どもの自主性に任せればよいと主張しているのではない。それは、制限・禁止と同様に、こころのエネルギーをさほど必要としない。いわば放任につながる。大切なことは、危険性に配慮しながら子どもの自主性を見守ることであると言いたいのである。そこに、こころのエネルギーが必要となる。そのようなとき、大人も子どもも「責任」ということの重さを知る。そして、葛藤を抱えることになる。このような関係をとおして「いかに生きるのか」というテーマへの取り組みが可能になると筆者は考えている。

事例に戻ろう。筆者は母親の葛藤をともに抱えつつ、母親の樹にたいするかかわりを考えていこうとした。その提案が「お母さんが思うことは樹さんに言ったらいいし、樹さんが望むことは母親としてできる範囲で応じてあげたらいいですよ」との筆者のことばである。このことばを語るのに相当な覚悟と責任を必要としたことを、筆者はいまでも覚えている。そして、母親の返答にあるように、このことばによって母親の自主性が回復へと向かい始めたのである。またそのことは、母親の最後の手紙にも語られているとおりである。

強調しておきたいが、筆者は母親の自主性を回復させようという意図でこのように語ったのではない。そうではなくて、母親の葛藤をともに抱えて考えていきたいとの姿勢を上述のことばで表明したのである。自主性の回復は結果として生じたにすぎない。このことは、きわめて大切なことと筆者は考えている。

このような姿勢が母親に伝わったのだろう、コンステレーションが動き始める。そして母親は、樹を来談させたいと希望するようになる。これにたいして、筆者は樹の自主性を尊重しようと提案する。

思春期にさまざまなテーマを抱えている子どもは、容易に心理療法の場を訪れない。たとえば、不登校の場合、まず母親の来談から始まることが多い。それは、先述したように、子どもが周囲の大人から自主性を尊重されずに安易な価値観で説教されていることが多く、それによって大人への不信感を強くしていることが大きな要因になっていると思われる。そのため、心理療法家も同様の対応をするのではないかと思って引き籠もっている場合が多いのではないかと考えられる。

樹の場合は間違いなくそうであったろう。したがって、樹の自主性・主体性を最大限に尊重することは樹にとってもっとも大切なことと筆者には感じられたのである。そして第七回で、筆者は母親面接のその場で樹に手紙を書く。このような心理療法家の行動は通常のことではない。しかし、こうしたことは心理療法には不可避に生じてくるのではないかと思われる。筆者は直観から行動した。このようなとき、何よりも大切になるのは、心理療法家の人間観ではないかと思う。渾身の力を込めて書いた筆者のことばは、まったく筆者の思いそのものである。樹の来談を意図したことばでは断じてない。そうであるならば、来談しても面接はほどなく中断になったであろう。心理療法は、心理療法家の人間観を賭けた作業である。来談を意図した嘘のことばは即座に馬脚を現わす。そのために、心理療法家はみずからの人格を鍛えねばならない。「人格のない者は誰も人格を教育することはできない[1]」とのユングのことばがすぐに想起される。

手紙を書いたのには、もちろんコンステレーションの読みもあったが、「いましかない」という直観が大きく働いている。筆者は、このことをとおして、心理療法家がこうした行動を起こす「とき」の大切さを思い知らされた。現在でも、「あのときしかなかった」と思われる。このような「とき」をつかむのは、直観しかないのではないかとすら考えている。付言すれば、それは、「クロノスのとき」ではなく、あくまで「カイロスのとき」でなければならない。

このようにみると、母親面接は「カイロスのとき」を待つ作業であったと言うことができるのではないか。母親と樹の自主性を尊重し、それによって生じる葛藤を抱えながらの約二カ月の面接は、母親が自主性を回復するプロセスであったと同時に、母親と筆者にとっては、樹が自主的に来談する「とき」を待つものでもあった。そして、手紙をとおして筆者の人間観が樹に伝わった。それは、発作を「治す」ことではなく、「いかに生きるのか」をともに考えようとする筆者の姿勢である。

●樹の歴史

樹は聡明で個性的な子である。しかしその歴史は、たび重なる身体の苦難を抱えたものであった。幼少期からのアトピー性皮膚炎、喘息、就学後からの不明熱、慢性腎炎。そして、高校入学後の発作。これら身体の苦難を抱えて樹はこれまで生きてきた。こうした身体の苦難にたいする医療面からの処置と対処は、樹の身体にたいしては適切なものであったのかもしれない。しかし、樹という一個の人間存在全体にたいしては（たましいにたいしては）どのようなものであったのか。まさにこのことが樹にとっては最大のテーマであった、と筆者には思われる。

先述したように、これら身体の苦難にたいして周囲は、制限・禁止によって樹の自主性を奪い、樹は心理的に追いつめられていったと言えよう。とくに、慢性腎炎による制限・禁止は樹にとって主体性が奪われる大きな苦難であったと思われる。このように述べることで、樹の周囲の対応が間違っていたと言うつもりは毛頭ない。筆者が言いたいのは、これら身体の苦難が樹の自主性・自己表現を奪うことにつながることの認識の欠如、ということである。筆者はこの事態を、樹の身体への暴力性の侵入と捉える。第2章で論じた筆者のことばで表現すれば、「抗いようのない力」が樹の身体を侵襲したと考えている。

樹は望んでこのような身体の苦難を抱えたわけではない。それらは、まさに樹が語ったように、原因「不明」の事態であり、理由なく樹を侵襲したのである。このようなとき、人間はそれをなんとかなくしたいと望む。樹も周囲も原因を探求し、この事態をなくそうとした。それは「治す」行為である。そして、その姿勢が樹を問いつめ・追いつめることになったのである。そのことにいち早く気づいたのは樹自身であったと思う。きっかけは発作であった。そして、「抗いようのない力」に侵襲された事態を抱えて、「いかに生きるのか」というテーマが樹にもたらされたのである。筆者が手紙を出した「とき」は、そうした樹の「カイロスのとき」と呼応していたように思われる。

このようにみると、保育所時代の元気で活発だった樹の姿は、その存在全体を生きる樹の真の姿としては筆者には映らない。樹が六年間保育所時代を過ごしたのは、両親の勤務という理由からである。その理由は何も問題にされることではない。しかし、樹にとっては両親の勤務という事態も、やはり「抗いようのない力」に見舞われたことではなかったかと思われるのである。

このようなとき、一般に子どもはよい子であろうとする。両親に心配をかけないように振る舞おうとする。それは、周囲にとっては「よい子」の姿として映るが、子ども自身にとっては自己規制をともなうことなのである。このことを周囲が知っておくことは大切なことである。それによって、家族が全体として「いかに生きるのか」というテーマに取り組むことが可能になるからである。子ども時代に必要ないたずらや冒険の体験、それらは大人には「悪」と映るときがあるかもしれない。しかし、そうした体験をとおして子どもは生きるための知恵や道徳を身につけていくのである。現代の教育において、子どもはそのような体験ができているであろうか。教師や親は制限・禁止のことばを必要以上に子どもに発していないか。深く内省する必要があるのではないだろうか。

樹の場合はどうであったろう。その詳細は具体的にはわからないが、「私はこれまで〈自分〉を外に出さずに生きてきた」「私は泣き虫だったのに泣けなくなった。こころで泣いて、気づいたら〈強い子〉と言われるようになっていた」との樹の語りは、幼少期から周囲の価値観のなかで自己規制しながら生きてきた姿を映し出している。このように思うとき、樹が自己表現の場の必要性を切実に訴えた思いの深さが痛いほど伝わってくる。

●樹のこころの作業

面接過程が樹にとってどのような意味をもっていたのかは、筆者が「創造」と題した樹の省察に見て取ることができる。筆者も自身のことばで面接過程を振り返ってみることにしよう。

筆者は、手紙に書いたとおり、樹が「いかに生きるのか」をともに考えていこうとした。その姿勢が樹にとっては自分を表現することにつながったと思われる。これまで多くの身体の苦難に見舞われたことによって自己表現の場を奪われてきた樹のこころが、少しずつ心理療法の場で表現されることになった。

発作という事態は、規制がすべてはずれることでもある。つまり、これまで自己規制してきた自分が発作によってなくなるのである。ことばを換えれば、樹は表現したい自分を発作によってしか表わすことができなかったと言うことができる。筆者との面接は、樹にとってこれまで奪われてきた自己表現の場となった。筆者は樹の発作をみたことがない。筆者は発作をみる人間ではなく、発作によってしか表わすことができない樹のこころの表現を聴く人間であった。心理療法家とはそのような存在ではなかろうか。

不登校によってしか、暴力によってしか自分を表現することができない子どもがいる。それは善悪の問題ではない。そうしたことによってしか自分を表現できない子どものこころの語りを、関係性のなかで聴くことをとおして、子どもは変容していく。そのような場をともにする存在を求めている子どもがいることを、子どもの教育に携わる者はこころする必要がある。

樹は、発作によってではなく、筆者との関係性のなかで、こころの語りとして自己を表現していった。筆者は樹の自己表現の語りをともにする存在であったと言える。心理療法はこのような場ではじめて機能すると言うこともできるであろう。この意味で、筆者はいまさらながら、心理療法家の人格・責任・覚悟の重さと大切さを思い知らされる。

第一回での面接の後、樹は四十度近い熱を出した。それから約一カ月半、発作がなくなる。これは、転移性治癒の事態と考えることができる。筆者との関係性のなかに、発作が収まったのである。しかし、それで発作が消失するほど、ことは容易ではなかった。樹の歴史を振り返れば、筆者にもそれは頷けることであったし、当時筆者は、転移性治癒は樹との面接の始まりであるとも考えていた。つまり、確固とした関係性を基盤として、ここから樹が「いかに生きるのか」というテーマに取り組んでいくことになると考えていたのである。ただ、この事態に筆者は、かすかな展望が開けた思いを抱いた。

初期のころ、樹は「気持ちノート」で自分を表現していた。その姿勢には、樹が体験してきた制限・禁止の重さと同時に、慎重さも感じられる。樹はまだ直接筆者に語れるほど、自分を表現することができなかったのであろう。基盤としての関係性が築かれたとはいえ、筆者と出会って間もないことを思うと、それは当然であろう。筆者が本当に自分のことをわかろうとしてくれる存在なのか、この場は本当に自分を表現し得る場なのかといったことのたしかめのような作業が樹のこころで行なわれていたように思われる。「気持ちノート」での表現がなくなっていったことは、このようなたしかめの作業が終焉を迎えたことを意味しているのであろう。樹は徐々に、筆者に直接自分を表現することができるようになっていく。

そうして、第十回では、母親が樹に主治医交代を提案したことが語られる。また、母親からも筆者に直接その旨が告げられた。ここでも筆者は、樹の主体性を尊重する姿勢で対応している。そのことは樹が「いかに生きるのか」にかかわる大切なことである、と思われたからである。第十六回に樹はみずからの意志で主治医交代を話しに行った。筆者はここに、樹が自分を表現できるようになりつつあることを強く感じた。樹にとっては、自分の生き方にかかわる重大な決断であり、そのことを直接告げることは、まさに自己の表現であると考えられるからである。それから樹は新主治医を受診し、そこでもみずからの気持ちを明確に告げている。しかし、そこで発作が起こった。この事態から筆者は、関係性がいかに重要であるかを思い知らされた。「患者として扱われるのがいや」との樹の語りはそのことを明瞭に語っている。「治す」という「治す者」と「治される者」の関係性のもとでは、自分を本当の意味で表現できないのである。そして、両親の同意を得て、樹はみずからの意志で心療内科受診をやめることを決断する。自身の生き方を賭けた決断であったと筆者には思われる。第1章で論じた「決断の力」が樹に培われつつあると言うことができる。

その後、発作を抱えて「いかに生きるのか」というテーマへの本格的な取り組みが進んでいった。そのなかで樹は、発作は一つの自分の表現だから、発作を抱えて生きることが必要だと語り、そのことを両親にもわかってもらおうとするようになる。実に大きな変化である。樹はみずからの「決断の力」によって、新たな生き方を産み出した。筆者はこれを樹の「創造」と呼びたい。

発作を抱えて生きるという決断をしてから、樹の自己規制は徐々にゆるみ始める。そして第二十回の語りにみられるように、樹は自分のこころが変わってきているのをはっきりと感じるようになる。また、「ぼけたことをするようになってきて、バスに乗り間違えたりとかする」などと語っている。樹はこれまで自分に堅く自己規制を強いてきて、「ぼけたこと」などできなかったのであろう。発作は、堅い自己規制が閾値を超えたときに、その反動として自己を表現する唯一の事態となって生じていたのではないかと考えられる。

このような樹の変化によって、母親との関係も変化をみせるようになる。母親は樹に、「この前あんたが発作をとらんといてほしいと言った気持ちがわかったわ」と語る。この語りは、実に大きな母娘関係の変容を意味すると思われる。母親もまた、樹の発作を抱えて母親として生きることの意味深さを感じたと考えられるからである。母親は発作に怯えなくなり、樹も母親と一緒に行動することが苦にならなくなる。このように変容した母親との関係性のもと、樹はこれまでできなかった話を母親に語るようになっていった。第二十四回の語りにみられるように、母親も自主性を回復していった。

ほどなく母親は、弟の卒業記念にと生い立ちの記をまとめ始め、その姿をみた樹は、母親がまとめた自身の生い立ちの記を読み進みながら、これまでの自身の歴史を振り返るようになる。これは、自分の歴史をこころに収める作業と言うことができるであろう。

ところで、樹は十姉妹《じゅうしまつ》の生育日記をずっと記し続けていた。筆者には、このことは母親の生い立ちの記と同じこころの作業であったと思われる。母親は生い立ちの記によって娘を知り、樹は生育日記をとおして母を知る。そうした作業が母親と樹のこころのなかで進んでいったと考えられる。これは、母親と樹にとって、母娘の関係性を新たに築いていく作業ではなかったかと思われる。

樹は、十姉妹の生育日記をとおして「生きるということについて、本当にいろいろ教えられた」と語っているが、そのことが語られた第十九回に、樹は発作を抱えて生きるという自身の決意を語っている。このことは、十姉妹の生育日記を記すという作業が、樹にとって「いかに生きるのか」というテーマへの取り組みに大きな影響を与え続けていたことを示唆すると思われる。それは、樹にとってこのテーマへの取り組みに不可避のこと、すなわち上述したように、母親との関係性を新たに築いていく作業だったのではなかろうか。そのことを、樹は第三十一回で語っている。母方実家からの帰途、「鳥たちは大丈夫かなと思ったが、そのとき、これが母なんだと、母を知りました」。

母親も、樹の生い立ちの記を整理し直す作業をとおして娘を知った。それは、第三十一回で母親が語るとおりである。

このようにして、樹と母親との間には新たな関係性が築かれるようになっていった。そして、第三十一回では、二人で両親の実家に行ったことが語られる。非常に意味深いことであったと思われる。樹にとってそれは、自身のルーツを確かめることだったのであろう。

●発作の消失

樹が発作を抱えて生きることを決断してからほどなく、発作が消失した。このことは、前節に述べたように、樹と母親の自主性の回復、樹が自己を表現できるようになっていったことと深く関連している。発作ではなく、別の在り方での自己表現が樹に可能になったことが、発作の消失につながったと考えられる。たとえば、第十三回で語られた「弟に向かってお茶をぶっかけた」行動などは、別の在り方での自己表現であると考えることができる。

樹は発作の消失について、第二十九回で次のように語っている。「発作のない自分というのは、ちょっと悲しいというか、いなくなってしまったんやなあと思う。……発作のときの自分は怒りの表現だったと思う。自分の意志で動いているんじゃなくて他人の意志に動かされていることへの怒りというか。いまは、人にたいして怒れるようになってきた」。この語りは、深い示唆を与えてくれている。

一般に、症状があるということは、たしかに苦しいことである。その苦痛から逃れたい、何とかして症状をなくしたいという思いは、当然のことである。けれども、症状によってその人の人生は規定されているとも言えるのではないか。すなわち、症状という規定性のもとにその人の人生があると筆者は考えている。無論、望んだことではないだろう。しかし、症状は「抗いようのない力」となってその人を規定性のもとに置くのである。このとき、症状をなくそうという他者の行為、つまり「治す」という行為はその人の人生を変えることでもある。

たしかに、症状がなくなれば、それによって体験されていた苦痛もなくなる。けれどもそれは、症状とともにあったこれまでの人生が変わることをも意味するのである。それは嬉しいことなのであろうか。苦痛からの解放、それは喜びであろう。けれどもそこには、これまでの人生が亡くなる悲しみが同居している。つまり、症状がなくなるというのは、その人にとって悲しみをともなうことなのである。そして、これまでの人生をこころに収める作業と、これからの人生を「いかに生きるのか」という作業がその人にもたらされることになる。筆者はそう考える。

このように考えるとき、発作が消失したことを「ちょっと悲しい」と樹が語るのは、筆者には深く頷けるのである。発作の消失と前後して、樹が幸福や生きる意味を考え始めたことも深く納得できる。樹は、その省察にもみられるように、素晴らしい言語化の力をもっている。発作をなくした悲しみをみずから語れる力をもっていた。けれども、その悲しみが語られない場合であっても、心理療法家はそこにコミットしなければならない。言い換えれば、症状がなくなったことへの喪の作業をクライエントとともにすることが心理療法家には必要であると考えられるのである。

「発作を抱えて生きる」という樹の決断は、発作が消失した現在も、「いかに生きるのか」というテーマにたいする一つの姿勢として樹のなかに生きていると思われる。それは、発作に苦悩していた時期がみずからの人生にあったことをこころに収める作業を支える姿勢であり、樹が自己の全体を生きることを支える姿勢である。この姿勢が、第三十一回で語られた父方祖母との問答に現われている。樹の発作のことを「それは神経症やね」と言う祖母にたいし、樹は「私は神経症だったんだって素直に思える」と語っている。これは、「発作を抱えて生きる」という姿勢によってもたらされた、自身の過去をこころに収める作業の帰結としての語りであると思われる。またここから、そういう自分を抱えて生きていくという樹の決意も感じることができる。

筆者との心理療法についても、第三十回で「……カウンセリングもいやって思った」とか「めんどくさいなって感じ」と語っている。これは樹が自分をしっかりと表現できるようになってきたことを意味する語りとして、真に意味深い。「人にたいして怒れるようになってきた」との語りにつながるものであると思われる。このようなことばが筆者に語れるということは、樹が真に強くなってきたことを意味しているのではないか。筆者はそう思う。

●創　造

第三十一回に樹から手渡された省察の内容から、筆者はそれを「創造」と題した。面接過程を振り返り考察するなかで、樹との面接はまさに「創造」であったと筆者には感じられる。

樹との出会いは、筆者の手紙からであった。その文面の「あなたの発作が病気であるかどうかについては、私にはまったく関心がありません」との内容によって、樹は筆者のもとを訪れることになった。手紙を書いた当時は、この内容は筆者にとってまったく真実そのものであった。現在もそうである。もちろん、精神病理の重要性は承知のうえである。承知のうえでなおかつ、筆者は「病気」という概念で人間を捉えることに深い疑問を感じていたのである。第7章でも述べたが、河合が言うように[2]、「病気」というなら、生まれてきたことそれ自体が病気ではないのかと筆者は考えている。この疑問は、「人間とは何か」を探求するなかで、ますます深まるばかりである。

ところで、樹はそのことにふれて、第三十一回で次のように語っている。「私がここにカウンセリングを受けに来たのは、先生からの手紙で、先生が病気じゃないって書いてくれていたからなんです。でもいまは、私は神経症だったんだって素直に思える」。樹のこの語りは、上述の筆者の疑問にたいする一つの示唆を与えてくれると思われる。樹は自分が神経症であったと、つまり病気であったと語っている。それは、自分が病気であった体験がこころに収まったことを意味している。けれども、その事実がこころに収まるまでには、樹のまさに生死を賭けた自己探求の過程があった。その過程がどのようなものであったかは、すでに述べてきたとおりである。このことと関連して、河合が、村上との対話のなかで次のように述べているのは、真に意味深い。

人間はいろいろに病んでいるわけですが、そのいちばん根本にあるのは人間は死ぬということですよ。おそらくほかの動物は知らないと思うのだけれど、人間だけは自分が死ぬということをすごく早くから知っていて、自分が死ぬということを、自分の人生観の中に取り入れて生きていかなければいけない。それはある意味では病んでいるのですね（河合　一九九六[3]）。

省察に見て取れるように、樹はまさに心理療法の過程をとおして自分の人生観のなかに「死」を取り入れ、「生」へと向かっていった。そうして、「〈私〉は新たに〈私〉を創造してゆく存在なのだ」と知るに到ったのである。このようにみると、発作を含め樹を見舞った多くの身体の苦難は、結果として、「創造の病い」（creative illness）であったと考えることができる。

エレンベルガーは、フロイトやユングが創造の病いを体験したことにふれて、「二人の創造の病いはいずれも人間の魂のもつさまざまの謎に対して強烈な関心を抱き、それに没入した時期に引き続いて生じている」と述べている。(4) 樹の場合も同様であると筆者は考える。ただし、それはあくまで結果として生じるのであって、人間は「創造」を求めて「病む」のではない。

第9章　心理療法としての風景構成法

はじめに

本章では、筆者が過去十年以上にわたって探求し続けてきた風景構成法について、心理療法の観点から論じることにする。

本書で風景構成法を取り上げるのは、いささか唐突に思われることかもしれない。しかし、それなりの意図があってのことである。筆者はこれまで、教員を対象とした、不登校やいじめなど教育現場の諸問題を考える研究会や講座に数多く参加して議論を重ねてきたが、その際に風景構成法を学びたいと希望する教員の声を頻繁に聞いてきた。また、心理臨床にかかわるさまざまな職種の人たちを対象とした風景構成法のセミナーのなかにも、かならず教員の参加がある。このような状況は、風景構成法が今後さらに発展する技法であることを思うと、いっそう増加するのではないかと思われる。

このような現状にあって、教育に携わる人たちが風景構成法について適切かつ深い理解をもつことは必要なことと思われる。とくに、教員という職種と教育の現状を思うとき、この技法が誤解されいたずらに乱用される危険性も同時に感じている。それにはいくつかの理由があるが、もっとも大きな理由は、教員には性急に方法論を求めてしまう傾向があるということである。もちろん、その背景には教育体制それ自体の在り方も影響していると言える。筆者は、風景構成法の発展に努めてきた心理療法家の一人として、さまざまな困難はあるにせよ、教育に携わる人たちが、この技法を真に活かして用いてほしいと、切に望んでいる。

また近年、スクールカウンセラー制度が徐々に展開をみせ、心理療法家が学校現場に直接入って活動することも増えてきており、その際に風景構成法が活用されることも起こっている。

このようにみると、本書で風景構成法について自身の見解を述べておくことは必要なことであると筆者は考える。ただし、風景構成法の基礎的領域については拙著があるので[1]、本章では、それを基盤とした最近の筆者の考えを述べることにする。風景構成法を基礎から学ぼうとする人は、まず拙著および他書[2]をあたってほしい。

なお、本章で論じることの本質は、すでに中井[3]と河合[4]によって指摘されている。けれども、そのことの重要性を、心理療法の現代的意味や教育を考えるなかでいっそう強く感じたので、あえて筆者なりのことばで論じることにした。

ここでは、風景構成法研究をとおして筆者がこれまで考察してきたことと、心理療法家としての筆者のこれまでの臨床体験という二つの軸を絡ませながら、心理療法としての風景構成法について論じることにする。そして、「風景構成法とは何か」という問いにたいして現時点での筆者なりの臨床的回答を提示してみたい。この、きわめて基本的な問いをここで取り上げるのは、それが風景構成法の独自性につながる本質的な問いであると筆者が考えているからである。すなわち、従来の研究が、おもに風景構成法の技法的側面の検討からこの問いに応えようとしている観があるのにたいして、筆者は、風景構成法が切り開いた治療的地平について論じることで、心理療法の視角から風景構成法を位置づけることが風景構成法の発展にとって必要であると考えているのである。

1　風景構成法と心理療法家

筆者の風景構成法研究における基本姿勢は、拙著でも強調したように[5]、一貫して次のようなものである。すなわち、心理療法のなかで風景構成法を用いる際に必要かつ有効な研究は何なのか、という視角である。この研究視角をもち続けることは、簡単なようでありながら、実はきわめてむずかしい。これまでの各種心理テストの発展史を散見しても、心理テストが開発されると、そのテストにたいする統計的研究が盛んに行なわれる。けれども、そのほとんどは心理療法の実践には役に立たない。そうした基礎的研究を否定する気持ちは毛頭ないが、統計的研究を行なっていかに多くの結果がもたらされたとしても、それが心理療法のなかに活かされるものでなければ、そうした結果には意味がないというのが筆者の基本的立場である。

もちろん、基礎的研究から見出された知見をまったく無視して、感性のみに頼って心理療法を行なうことの危険性は、枚挙に暇がない。心理療法のなかで風景構成法を用いる場合も同じことで、感性のみに頼っては、まるで灯火を持たずに暗闇をさまようようなもので、作品に込められたクライエントのメッセージを恣意的に受け取る危険に陥りかねない。やはり、メッセージを受け取るためのある程度の道標は必要であろう。しかし、基礎的研究から見出された知見を絶対であると思い込むことも同時に危険である。そのような方法論で人間を理解できると思い込むことは愚かなことであるが、しばしばそのような愚を犯してしまうのもやはり人間である。このあたり、心理療法家としてどのようにこころのバランスを抱えていくのかは、相当にむずかしいところである。

筆者は、風景構成法研究にあたって、上述した二律背反ともいえる状況から生じる葛藤を抱えながら、風景構成法を読みとるあり方を模索し続けてきた。そして、この姿勢が、心理療法家として、研究者として、筆者がいかに生きるのかにつながると感じ続けてきた。このような姿勢で、筆者はこれまで風景構成法に関する研究を行なってきた。この姿勢は今も変わっていない。

さてここで、風景構成法の創案者である中井が、次のような研究視角で分裂病者の描画研究に着手したことは、注目に値する。中井は次のように述べている。

精神病理学は、分裂病者の言語がいかに歪められているかを記述してきた。おそらく、それが真の問題なのではない。真の問題の立て方は、分裂病の世界において言語がいかにして可能であるか、であろう（中井　一九七〇）(6)。

そして、このことは描画にも妥当するとした中井は、描画を用いた分裂病者との非言語的交流の可能性を探究し、その流れのなかで風景構成法を創案するに到ったのである。これは、従来の精神医学が分裂病者の言語の特異性を指摘してきた流れにたいし、治療的視点の重要性を指摘し、その視点を描画にも導入したものである。風景構成法研究に携わる者ならば、かならずこころに留めておかねばならないことばである。

臨床心理学の領域では、アセスメントに関する多くの研究が積み重ねられているが、客観性が低く自由度が高く、それゆえ心理療法のなかで用いられることの多い描画や箱庭などにおいては、心理療法の実践につながる研究は数少ない。それらはともすると、クライエントの作品の特異性を健常者の作品との比較によって明らかにすることに終始する。筆者は、風景構成法創案の経緯が上述したように分裂病者との治療的接近の可能性の追求にあることを思うと、風景構成法研究は、心理療法の実践につながるものでなければならないと強く主張したい。しかし、統計的比較によって何らかの差異がみえてくると、何かわかった気になってしまう。これは、基礎的研究における危険性である。まさに中井の記述を援用して，筆者は次のように主張したい。すなわち，「臨床心理学は，クライエントの描画の特異性を記述することに終始してきた。おそらくそれが真の問題なのではない。真の問題の立て方は，心理療法の世界において，描画による相互交流がいかにして可能であるか，であろう」。

箱庭療法がわが国において飛躍的に発展している理由の一つには，箱庭療法の研究者たちがこうした姿勢を一貫してもち続けていることがあるのではなかろうか。

2　臨床場面における「やりとり」(interaction)

心理療法のなかで描画を用いる場合，心理療法家は，面接室という庇護された空間のなかで，クライエントの描画活動を共同存在として体験しながら，クライエントが「いかに生きるのか」というテーマをクライエントとともに探究していくことになる。描画はそのように「体験する」ものであると筆者は考えている。したがって，クライエントの描画活動および作品には心理療法家のコミットメントが反映されている。また，描画作品はクライエントと心理療法家の共同作業の産物と言うことができる。

このように，筆者は，風景構成法はもとより，他の描画法や箱庭を用いる際の心理療法家の姿勢をきわめて重要なものと考えている。では、具体的にいかに実践するのかであるが、これは非常にむずかしい問題である。以下に、風景構成法を用いようとした心理療法の一場面を紹介しながら、実際場面にそくして具体的に考えていくことにしたい。ただし、以下に述べるのは、臨床場面におけるクライエントと心理療法家の「やりとり」の具体例を示すための心理療法の一場面である。したがって、事例研究の体裁をとったものではない。そこでは、風景構成法を行なおうとした筆者にたいして、クライエントは拒否の姿勢をみせている。そのこと自体が、風景構成法を用いる際の心理療法家の姿勢の重要性と、風景構成法の特質を教えてくれると考えられる。

クライエントは青年期の女性。主治医の診断は、境界例。精神科への入退院を繰り返しながら、薬物療法を併用した心理療法が筆者との間で行なわれ、数年が経過していた。その間、クライエントは根源的な自己存在の在り方に一貫して苦しみ続けていた。すなわち、「私はこの世界に生きていてもいいのだろうか」というテーマが面接の中心となっていた。恋愛性転移が筆者に向けられることはなく、むしろ家族のなかでの自分のこころの居場所という話題が面接のなかで頻繁に出されていた。他者とくに母親を信じることができないと感じたときは、自殺衝動から手首を切ったり大量服薬といった行動化を起こしていた。しかし、心理療法のプロセスのなかで、少しずつ安定した関係が筆者との間で保たれるようになり、それを基盤としてクライエントの「いかに生きるのか」というテーマへの取り組みが重ねられていった。そしてある回、次のようなことが起こった。

薄暗い面接室で二人は向かい合って座っていた。沈黙のときが流れていた。つい先ほど、クライエントは、自分ではどうすることもできない、なすすべのない現実の人間関係について語ったばかりだった。あの母親から生まれたという事実は変えることができないという内容を。その語りは、筆者のこころにずしりと重く響いて、こころの震動の余韻のような状態を筆者は体験していた。規定性のもとに生きる苦悩の姿がそこにあった。筆者もまた、なすすべのないその規定性のもとに、語るべきことばもなかった。クライエントもそれ以上は語ろうとせず、重苦しい時空間の体験のなかに二人はいた。

実際にどれくらいの時間が経ったのかはわからないが、筆者は相当な時の経過を体験していた。そして、この淀んだ空気を動かさなくては、と身体ごと感じていた。そのとき、クライエントは自分自身に語るかのように、次のようにつぶやいたのである。

「久しぶりに絵を描きたい」

筆者は、このことばに反射的に身体ごと応じていた。「久しぶりに描いてみるか」と言いつつ、席を立ち、室内の棚から画用紙とクレヨンを取り出した。そして、画用紙にマジックで枠づけをし始めた。風景構成法をやろうと思ってのことだった。それを見たクライエントは、今度ははっきりと筆者に向かってこう言ったのである。

「川とか田とか、あんなのは描きたくない」

筆者は、クライエントのことばの意味を了解した。

「そうね、あんなのはやめておこう」と言いながら、枠づけの終わった画用紙と鉛筆をクライエントに渡して、筆者は何も言わずに時を待った。画用紙を新しいものに取り替えようかとも感じたが、そのことで、せっかくクライエントが引き戻した「やりとり」の流れを再び筆者の方に動かしてしまう危険性も感じて、何もしないことが一番だと思い、「やりとり」の流れにまかせることにした。

クライエントは、「何を描こうかな」とつぶやきながら、しばらく紙面と向き合う。そうして、ほどなく鉛筆を持って、柔らかな描線で人物を描き始めた。一本一本の描線を大切に味わうかのようにクライエントの筆は進んでいった。無言で見守る筆者は、たちまちのうちにクライエントと描画の世界に引き込まれていった。薄暗い面接室空間が、クライエントの描線によって色合いを変えていくかのようであった。

「これでいい」とクライエントは鉛筆を置いた。紙面やや右側の領域に、乳飲み子を抱く母親と、その傍らで幼な子を抱くクライエントが描かれた。皆、穏やかな表情をしている。「これが私」とクライエントは自己像を指さす。それ以外は、二人とも無言でしばらく作品を眺めた（図6）。しばらくして、「あー、なんか少し気分が落ち着いたわ」と微笑しながら、クライエントは筆者をみる。「そう、よかった」と筆者。そして、作品の裏に日付と署名をしてもらい、時間がきたので面接を終了した。

図6　乳飲み子を抱く母と，傍らで幼な子を抱くクライエント

このクライエントとは、これまでの面接のなかで、風景構成法を中心に何度か描画体験をともにしていた。それらはいずれも筆者の提案にクライエントが応じるかたちで行なわれたものであった。その目的は、治療の節目と思われるときに、クライエントの内界の状況を把握し、今後の治療の指針を得ることにあった。したがって、アセスメント的色彩の濃いものであったと言えるであろう。

けれども、この一年あまりは筆者もなぜか描画を勧める気にならず、風景構成法は治療場面にはまったく導入されていなかった。クライエントは、治療場面以外の時間に自発的に描いた作品を持参して筆者にみせてくれることはあったものの、面接中の描画希望はこれまで一度もなく、このときがはじめてのことであった。クライエントのことばどおり、本当に「久しぶり」に、描画が面接のなかにもたらされることになったのである。

枠づけを行なう筆者をみてクライエントが語ったことばにある「川とか田」というのは、言うまでもなく風景構成法の描画項目である。先述したように、かつてクライエントは、筆者との間で風景構成法を何度か描いたことがある。それらはいずれも、筆者の勧めにクライエントが応じたものであり、クライエントの自発描画ではなかった。

ここで、クライエントのことばから筆者が了解したのは次のようなことである。クライエントは、枠づけを行なう筆者の姿勢に、かつて風景構成法を描いた体験を想起したのであろう。それは、筆者の教示にしたがって描かれたものであった。しかし今回、クライエントはみずから「自分で描きたいものを描きたい」という意志を強く表明したかったのではなかろうか。枠づけをする筆者をみて、みずからの思いが遂げられないのではないかとの不安をクライエントは抱いたのであろう。枠づけは、クライエントの描画表現を守ると同時に強いる。筆者が感じたのは、クライエントの拒否は風景構成法を描くことにたいするものではなく、筆者に描画を強いられることにたいするものであった、ということである。クライエントは、枠づけに描画を強いられる思いを抱いたのではなかろうか。項目の逐次提示→描画という風景構成法の作業には、枠づけの特性と同様に二面性があり、クライエントの描画表現を保護すると同時に強いる(7)。この、項目の逐次提示→描画という作業における、描画表現を強いる特性が顕在化したことをクライエントは察知したのではなかろうか。さらに言えば、そうした風景構成法の性質を治療場面に顕在化させた筆者のコミットメントそのものに異議を唱えたかったのではなかろうか。つまりクライエントは、描画活動によって、重苦しい沈黙を、みずからの力で創造的次元へと変容させたかったのだと筆者には思われる。

クライエントは、境界例との診断からもうかがえるように、強いられることにたいして非常に敏感である。また、このときのクライエントの語りが、規定性のもとに生きることの苦悩の表現、すなわち現実の人間関係における「自分ではどうすることもできない、なすすべのない」体験であったことを含めて考えると、クライエントの拒否のことばは、規定性のもとに生きつつも、こころの深層において自己を解放したいという思いの表明であったと言えるのではないか。すなわち、クライエントのことばは、イメージの表層の次元では、上述したように拒否の意志を表明したものでありながら、深層のイメージとしては、自己存在の回復と創造を願ったメッセージとして受け取れるのではないかと思われるのである。

先述したような、クライエントが表明した創造的次元への志向性にたいして、筆者は、風景構成法を重苦しい沈黙から抜け出す手だての一つと感じている自分を、そして風景構成法作品から何かを読みとろうとしている自分、つまりアセスメントを行なう検査者としての自分を、自身のこころに見出していた。むろん、それが筆者のこころのすべてを占めていたわけではなかった。むしろ、ほんのわずかなざわめきであったと言ってよい。しかし、クライエントはそれを察知した。そして、筆者にことばでそれを伝えてくれた。こうした「やりとり」は本当に意味深いと思う。枠づけを行なおうとする筆者の動きがクライエントのこころに「反映」されてクライエントのことばが生まれ、そのクライエントのことばが筆者のこころに「反映」されて筆者のことばが生まれるという、関係性を基盤とした相互交流が描画という場に存在するからである。さらにまた、こころの表現としての風景構成法の力を誰よりもクライエントが一番よく知っていると感じさせられる。枠づけと項目逐次提示→描画という風景構成法のもつ二つの特性は、先述したように、いずれも二面性をもっているが、その一方の面をクライエントが強く意識しているということは、これらの特質が描画表現を保護する力をもったときにもたらされる事態の意味を、クライエントはこころの深層で感じていると考えられるからである。実際にも、後半の「やりとり」をとおして、枠づけは表現を保護する機能へとその意味を変えている。このように、河合も同様の趣旨のことを指摘しているが、(8)

風景構成法はたましいをクリエイトする作業であると筆者は考えている。

風景構成法も含めて、描画をアセスメントの一手段として用いる心理療法家の姿勢は誤りであると、あえて言っておきたい。アセスメントとして用いることが誤りなのではない。心理療法家の姿勢が問題なのである。大切なことは、心理療法的に生かせるだけの表現が作品にもたらされているかどうかである。筆者は、描画は心理療法家とクライエントとの関係性をとおして産み出されるものであると考えている。この意味で、アセスメントを専らとする姿勢ではクライエントとの心理的距離がありすぎる。「やりとり」が「やりとり」本来の機能を発揮しないのである。イメージの表層における関係性といってよいだろう。

次に、クライエントが描画に入る後半を振り返ってみることにする。クライエントが自由描画に入るまでに、いくつかのことばが交わされた。けれども、現象としての沈黙状況はほとんど変わっていない。とくに、クライエントが描き始めてからは、まったくことばのない世界である。しかし、クライエントの描画活動が沈黙の質を変容させたことは、疑いない。重苦しい沈黙が、描画活動をとおして癒しにつながる創造的な沈黙へと少しずつ変容していった。ことばにすればこのような体験を筆者は味わっていた。すなわちここで、共同存在としてのクライエントと心理療法家という体験を可能ならしめる媒体として描画があったと言えるのではなかろうか。描画によって、イメージの深層へと関係性が下降していったと考えられる。

そしてここで、重要な変化が起こった。すなわち、少し前には枠づけに描画を強いられる思いを抱いていたクライエントは、画用紙を渡され紙面に向き合ったときから、枠をみずからの描画表現を保護するものとして体験していたのではないかと思われるのである。強制から保護へと、枠の性質は変わっていった。枠のもつ二面性については先述したとおりであり、すでに多くの指摘もあるが、それに加えて筆者は次のように指摘したい。すなわち、枠が描画表現を保護するか強いるかは、クライエントと心理療法家との関係性のなかで決まるのである。

さて、「癒しにつながる創造的な沈黙」とは、どのような沈黙なのか。それは描画作品に語られているように思われる。「乳飲み子を抱く母と、傍らで幼な子を抱くクライエント」という作品には、母子に象徴されるように、人間関係における抱かれること、つまり保護のテーマが明瞭に見て取れる。そして、作品に表現されたこのテーマは、クライエントと筆者とのこれまでの「やりとり」の本質につながるものであると、思われる。「自分ではどうすることもできない、なすすべのない現実の人間関係」を抱えて生きるには、相当な心理的守りがクライエントには必要である。しかし、そのことを主として言語交流のなかで体験できるほど、面接の場は「ことばによって開かれた世界」にはなっていなかった。クライエントは語るのをやめ、筆者には語れることばがなかった。そして沈黙が訪れたのである。それからの「やりとり」のプロセスと描画体験からみるとき、この場に描画がもたらされたことの意味ははかりしれないほど大きく深い。

最後にクライエントは、「少し気分が落ち着いた」と語っている。自発的描画作業によってもたらされた体験が率直に吐露されたことばである。関係性とイメージが輻輳しつつ深まるなかで、クライエントに心理的守りにつながる体験がもたらされたと考えることができる。そして、クライエントのこのことばは、筆者の体験をも語ってくれている。このようにみると、描画は関係性をイメージの深層へと下降させる機能をもつと言うことができる。その機能は、クライエントと心理療法家の「やりとり」のなかで働く。こうしたことこそが、心理療法のなかで描画を用いる際の大切なポイントである、と筆者は考えている。

結果的には、クライエントは風景構成法を描かなかった。それでよかったと筆者は思う。視点を変えてみれば、風景構成法の特性をクライエントが意識することなしには、この作品はもたらされなかったからである。この描画作品には、風景構成法が背景として生きていると筆者には思われる。

以上のことからわかるように、風景構成法は、心理療法家の姿勢によって、描画を強いる性質を顕在化させることがあるということを心理療法家は知っておかねばならない。その場合の心理療法家の姿勢とは、面接状況におけるコミットメントである。この面接場面における筆者の心理状況はその一例と言える。クライエントにとって必要な次元でのコミットメントが、風景構成法を勧めようとしたときの筆者にはなかった。深く反省するところである。また、たとえば風景構成法を面接のどの時点でいかに導入するのかといったことも、コミットメントとしてきわめて大切なことである。関係性の次元の把握がおろそかになり、コミットメントが浅くなると、風景構成法は心理療法としては機能しなくなっていく。風景構成法は侵襲性が弱い技法であると言われているが、筆者はあくまで一般論としてそれを理解している。風景構成法が心理療法として機能しなくなると、当然のことながら、枠づけおよび項目逐次提示→描画という風景構成法の特性は描画を強いるものとなる。それは、クライエントにとっては苦痛の体験以外の何ものでもなくなるであろう。

また、面接状況がアセスメントに開かれたものになると、ときにクライエントは結果を知りたがる。その場合、クライエントは（おそらく心理療法家も）、描画中に「やりとり」そのものを体験していたのではなく、「やりとり」の果てにある、結果としてもたらされる了解可能な世界、すなわち「ことばによって開かれた世界」を求めていたと言えよう。誤解のないように付言するが、筆者はそのことの是非を問題にしているのではなく、そうした場合には風景構成法が心理療法として充分に生かされていないと言いたいのである。了解可能な世界を求めるならば、何も風景構成法を使わなくとも、より客観性の高い他の検査を使えばよいわけである。風景構成法でなければ体験することのできない世界は、心理療法的な「やりとり」をとおしてもたらされるものである。

このように筆者は、風景構成法は単なるアセスメントの一手段ではなく心理療法のひとつであると考えている。そして、心理療法として機能するかどうかは、関係性を基盤とした描画作業における「やりとり」に心理療法家がいかにコミットするか、それによっていかにイメージの深層へと下降するかによると考えている。それをとおして、風景構成法によってはじめて開かれる世界体験がもたらされるのである。まさに風景構成法の真骨頂は、「やりとり」の妙によるのではなかろうか。

3　風景構成法における誘目性

これまで筆者は、風景構成法を導入するにあたっての心理療法家の姿勢と「やりとり」の重要性を強調してきた。それは、端的に言えば、心理療法家が代われば作品も変わる、ということを意味する。こうした「やりとり」について、作品の読みとりのひとつとして筆者が見出した「誘目性」という風景構成法のもつ特性と関連づけながら、次に論じることにする。

筆者はこれまでの臨床経験のなかで、風景構成法作品には、必ず目をひかれる項目ないしは領域があることに着目するようになってきた。しかも、そうした項目ないしは領域が、治療過程において適切な時期に施行された風景構成法作品を継時的に見てゆくなかで様相を変え、そしてその変化に注目することが、治療過程を理解する一助になると強く感じるようになってきた。そして、この、風景の中でとくに目をひかれる項目が存在するという特性を、「誘目性」と名づけた（皆藤　一九九四）(9)。

このように、筆者は臨床経験をつうじて、面接の導きの糸になる誘目性という風景構成法の特性を見出した。ここでは、そこに到るまでのプロセスをまず振り返ってみたい。

　筆者が風景構成法研究を始めた当初は、完成作品を眺めながら、その解釈について暗中模索する状況にあった。風景構成法についての解説書もまだなかった。ただ、これまでの他の描画法の解釈が多くの誤解を産んできたことを思うと、一義的な解釈仮説をそのまま導入する気にもなれなかったし、解釈仮説を整備しようという気にもなれなかった。たとえば、川は無意識の象徴として捉えるという仮説をそのまま受け入れることは、筆者にはできなかった。というのも、かりにそれを受け入れたとすると、川が大きければ無意識が前景に出ていて危険であるといった一義的解釈に陥ってしまうのである。そうして、風景構成法とはそれだけの技法なのかといった疑問がかならず湧くのである。断っておくが、そうした解釈がときに重要であることは充分に承知したうえで筆者は述べている。こうした体験はしばらく続いた。そうして、このような理解にはクライエントと心理療法家という存在を入れ込んだ「やりとり」が射程に入っていないことに気づいたのである。そして筆者の関心は「やりとり」に移っていった。

「川を描いて下さい」との第一描画項目での治療者のことばは、いったい何を意味するのであろうか。それは、文字どおりには川を描くことを意味するのであり、クライエントもそういう理解で川を描くのであろうが、この「やりとり」は、たんにそれだけの意味しかもたないのであろうか。そして心理療法家は、たとえば上述したような解釈仮説でもって作品を読みとろうとする。それが風景構成法の読みとりなのであろうか。筆者の疑問はこのように展開し、さらに自問が続いた。そうして筆者は、風景構成法のもつ「やりとり」の特質、心理療法におけるクライエントと心理療法家の関係性といった視点から、この自問にたいする筆者なりの手応えを体験するようになったのである。それは、心理療法における関係性や風景構成法における「やりとり」のプロセスのなかで、クライエントと心理療法家双方にとっての「意味付与」がもたらされるという気づきであった。ごく当たり前の帰結であった。しかもそれは、一般的な価値観・客観性を問わない。

描画は本来多義的なものであり、そこには多種多様なイメージや意味が含み込まれている。そして、いかなるイメージや意味が含み込まれるのかはクライエントと心理療法家の関係性や「やりとり」によって決まる。したがって、たとえば川は無意識の象徴であるといった単一の解釈仮説で割り切ってしまうことは、やはり問題であると筆者は考えている。川の描画によってもたらされるものは、「やりとり」のなかでクライエントが川に込めたイメージや意味なのである。そこには、クライエントと心理療法家のその場での「やりとり」によってしかもたらされ得ない世界がある。「やりとり」の固有性あるいは一回性と言ってもよいであろうか。この点では心理療法も同じであろう。一回一回の面接は、そのトポスでの関係性によって変貌してゆくからである。

したがって、「川を描いて下さい」という心理療法家のことばには、「あなたは川というものに、どのようなあなたのイメージや意味を付与しますか」という問いかけが含まれている。そうした問いかけで、心理療法家はクライエントの描画活動に関与していく。「川」以降の描画項目も同じである。そして、十数回の「やりとり」が作品に結実する。作品は、クライエントと心理療法家双方のイメージや意味の交錯によってもたらされた「意味付与」の産物であり、イメージの産物である。言い換えれば、「やりとり」によって織りなされた風景である。

さて、こうした作業のプロセスのなかで、たとえば「道」の項目で、「あれ、この人、こんな道を描くのか？」といった、心理療法家のこころのざわめきが生じることがある。そのとき、クライエントと心理療法家のイメージが交錯するトポス、両者のこころの波長が絡まり合うトポスが現出する。こうしたこころのざわめきは、誘目性につながるポイントであると筆者は考える。そして、そうした体験が集積されていくなかで、誘目性を帯びた領域がおのずとみえてくるのである。

誘目性を帯びた領域がしばしば面接に指針を与えてくれることは、すでに指摘してきた[10]。また、心理療法の初期の風景構成法作品から、誘目性を帯びた領域に着目することは、心理療法家の盲点に気づくことにもつながる[11]。心理療法家が気づかなかった、クライエントのこころの痛みが描画作業をとおして伝えられるのである。誘目性という特性は、他の描画法にはない風景構成法の独自性であり、心理療法としての風景構成法を特徴づけるものであると考えられる。クライエントは、心理療法家との関係性のなかで、風景構成法の描画項目それぞれに意味を付与して描画を行なう。そして、それらを一つのイメージとしてつなげていく。そこに心理療法家は共同存在として関与する。このプロセスが、風景構成法を心理療法のなかで用いる大切なポイントなのである。

4　風景構成法とは何か

これまで述べてきたことからわかるように、風景構成法とは、心理療法家との関係性のなかで、「川」から始まる描画項目に、クライエントがみずからの意味を付与する、イメージの「やりとり」をとおして成立する心理療法の一つである。これは何も新しい発見ではない。本章の最初に述べた中井[12]の研究視角につうじることであり、「やりとり」の重要性は河合[13]によってもすでに指摘されている。しかし、ここでふたたび強調したのには、やはりそれなりの意味がある。

「筆者は最近、心理療法をめぐる状況が、小手先で人間を操作しようとする影に脅かされているとの危惧を抱いている[14]」。すなわち、心理療法は転換期を迎えているのではないかと考えているのである。それは、本書で繰り返し強調してきたように、現代という時代性を視野に入れた心理療法観が必要であることを意味する。すべての心理療法家は、心理療法がもつ現代的意味について考えなければならないのではなかろうか。序説においてすでに指摘したが、心理学も医学も科学的方法論をもって生まれ発展してきたことからすると、河合が、「近代科学の絶頂とも言えるのが二十世紀とすれば、二十一世紀はおそらく、そのパラダイムの変換が意図されることになりそうである[15]」と指摘するのは、きわめて示唆的であると思われる。

現代人は科学の知によって構築された世界に生きている。それは、ロゴスによって支配され、人間に幸福をもたらすと信じられてきた世界である。そしてこの世界では、事象を対象化して「みる」ことが重要となり、近代科学は「みえる」ことによって発展してきた。第6章で述べたように、「ことばによって開かれた世界」の興隆である。この世界では客観的であることが必要となる。すなわちそこでは、「川というもの」についてある程度共通した客観的な理解が得られている。「川は無意識の象徴である」という解釈仮説も、衆目の同意を得られているという点では「ことばによって開かれた世界」のことがらである。われわれはたしかにそうした世界に生きている。けれども、心理療法家の仕事は、「川というもの」について理解しようとすることとは異なる。たしかに、クライエントも心理療法家もこのような世界に生きている。それは、いわば現実である。けれども、第6章で指摘したように、われわれは「ことばのない世界」にも生きているのである。この二つの世界をつなぐことをとおして、個人にとってのイメージ体験が活性化し、その体験がたましいの領域に窓を開けることにもつながるのである。

ここで、描画研究の歴史をきわめて簡潔に述べると次のようになるであろう。クライエントのイメージ体験が描画活動をとおして「ことばによって開かれた世界」すなわち描画作品へと変容する。そして、心理療法家は描画作品を「ことばによって開かれた世界」の方法論、すなわち科学的方法論で理解しようとしてきた、と。筆者はその歴史が誤りであったと言っているのではない。この方向性が、次第に、二つの世界をつなぐことの重要性を疎んじ、「ことばによって開かれた世界」をより重要とみなす結果をもたらしたと言いたいのである。このことに関連して河合は、この二つの世界のどちらかが重要であるとするのではなく、二つの世界をつなぐことの重要性を指摘しているが、真に興味深い。本質は、二つの世界をつなぐことにあるのである。[16]

すでに論じてきたように、二つの世界をつなごうとすると、当然のこと、葛藤が生じる。その葛藤が、個人が「いかに生きるのか」という次元にもたらされたとき、心理療法の仕事が始まる。筆者はそう考えている。もちろん、「ことばのない世界」にあって、二つの世界をつなぐことのできないクライエントもいる。しかし、それでもクライエントが生きているということは、二つの世界を体験していると言えるのである。したがって、「いかに生きるのか」という次元で心理療法の仕事を捉えるとき、二つの世界を切ることはできない。つまり、心理療法家は、二つの世界を抱える器をもつことが必要になるのである。それは、葛藤を抱える器でもある。「そうした器をもつことは、人間存在をトータルに見る目をもつことにつながると筆者は考えている」[17]。

では、このような視座から風景構成法について最後に述べてみたい。筆者は先に、風景構成法では「意味付与」がもたらされるトポスが重要になると述べた。この、風景構成法における「意味付与」というのは「ことばによって開かれた世界」とは異なる。そこでは客観的であることを必要としないからである。たとえて言えば、「川」によってもたらされるイメージ体験が重要となるのである。また、「意味付与」は「ことばのない世界」とも異なる。そこでは、クライエントにとってその意味が心理療法家との相互交流つまり関係性によって付与されているからである。この関係性は、二つの世界を抱える心理療法家の姿勢によって機能していく。そのような姿勢がなければ、二つの世界のいずれか一方は、その本来の意味を失うことになり、「意味付与」がもたらされるトポスは生じない。すなわち、「意味付与」は、二つの世界をつなぐことによってもたらされると筆者は考えている。

このようにみると、風景構成法とは、二つの世界をつなぐことによって生じる葛藤を「意味付与」の体験としてクリエイトしていく、クライエントと心理療法家の共同作業であると言うことができる。

おわりに――臨床教育学の展開に向けて

本書では、現代の心理療法と教育について、心理療法家としての体験をとおして論じながら、筆者が考える臨床教育学の視座を提示してきた。臨床教育学とは、序説でも述べたように、人間が生きることにかかわる領域であり、社会の様相との関連で、人間が「いかに生きるのか」を中心テーマとする学問であると筆者は考えている。そして、心理療法と教育は、「いかに生きるのか」というテーマを接点としてつながっている。

ここでは、臨床教育学が理論・実践両面にわたって、今後どのように展開していくのかという観点から、これまで論じてきたことを踏まえて、筆者が考える臨床教育学の今後の課題を提示することにしたい。

1　事実としての矛盾

序説冒頭に述べたように、臨床教育学の歴史はきわめて浅い。しかし、この学問の視座を「いかに生きるのか」という次元で捉えるとき、それは人間存在そのものに通底することがわかる。したがって、現代における臨床教育学への関心の高さは、現代の時代性と深く関連していると言うことができる。この点についてはすでに論じてきたが、ここでふたたび簡潔にまとめておきたい。すなわち、現代人は「事実としての矛盾」のなかに生きている、ということである。第3章で論じたように、多様性の現代にあって排除の構造が歴然と存在するという事実としての矛盾のなかに子どもたちは生きている。生きることは死への道程でもあるという事実としての矛盾のなかに現代人は生きている。

けれども、事実としての矛盾のなかに生きることは、何も現代にかぎったことではない。それは、人間の営みの歴史そのものであったとも言える。このようにみると、臨床教育学への関心の高さは、事実としての矛盾を「いかに生きるのか」が現代人にとって深刻なテーマになっていることを示唆していると考えることができる。すでに論じてきたように、筆者は、このテーマから現代人の生き方、子どもの発達、教育を考えることが必要不可欠であると考えている。そしてそれは、これまでのような場の倫理に則った生き方ではなく、あくまでも個の倫理を大切にし、場の倫理との相剋をとおして、個々が答えを見出していくプロセスを歩むことである。心理療法家も教師もこのプロセスにかかわっていく存在である。

わが国における場の倫理の強大さはすでに指摘してきたとおりである。そして、場の倫理から個の倫理へと向かう動きもすでに歴然としてある。筆者はその是非を議論することよりも、まず個の倫理へと向かうプロセスそのものに心理療法家や教師が深くコミットすることこそが大切であると考えている。それは事実としての矛盾を「抱える」ことを意味する。そのことをとおして、個性が磨かれ、暴力性から創造性へと向かう方向が見出されるのではないか。そして、そのためにこそ、心理療法家や教師はみずからが「いかに生きるのか」というテーマに取り組まねばならない。

また、このような観点は、個の倫理を重視する西洋文化との比較を可能にする。筆者のこのような考えが比較文化的考察によってどのように展開していくのか。今後の大きな課題であると考えている。

2　道徳教育

「いかに生きるのか」というテーマから学校教育に目を向けると、このテーマは「道徳」と深く関連する。小・中学生のクライエントとの心理療法の体験、さらには序説に述べたような大学生との議論などをとおして、筆者は学校現場における道徳教育への取り組みの不充分さを強く実感している。学歴偏重や偏差値教育がその一因になっているとも言えるが、そのことをいくら批判してみても、実際に道徳教育に教師がいかに取り組んでいくのかは、非常にむずかしい問題である。これまで述べてきたように、「いかに生きるのか」にかかわる道徳は、子どものみならず現代人すべてにとってのテーマであると考えられるからである。

したがって、たとえば教師が既成の価値観をいくら説いても、日常生活における規律をいくら指導しても、多様性の現代にあっては、その根底に教師の人格がかかわっていなければ、子どもには伝わらない。「校則はなぜ守らなければいけないのか」「どうして茶髪はいけないのか」といった子どもの問いかけに、教師はどのように答えていけるのだろうか。筆者は、校則は意味がないから廃止すべきだとか、茶髪も子どもの個性だから認めるべきだといった意見には与みしない。同様に、この学校に入学したのだから校則は守るべきだとか、茶髪は風紀を乱すから禁止すべきだといった意見にも与みしない。このような意見の根底に、教師の人間観・人格がいかにかかわっているのかという点がもっとも大切なことであると考えている。

そもそも、教師は子どもの生き方についてどのように考えているのだろうか。子どもは一人一人が異なる存在である。したがって、一人一人の子どもと教師との人格を賭けたかかわり合いのなかでもたらされてくるものこそを、教育は珠玉としなければならない。きれいごとにすぎるという意見があるかもしれない。しかし、心理療法家としての体験から言えば、人格を賭けたかかわり合いは生命がけである。そして、子どもはそうしたかかわり合いを求めているのである。このような姿勢で、筆者はこれまで多くの教師と議論を積み重ねてきた。

教師を対象とした事例検討会で、次のような議論があった。不登校の生徒への対応を報告する教師の発表のなかに、「登校刺激を出さなかった」という発言があった。それを聴いた筆者が「なぜですか」と問うたところ、「臨床心理学の本に書いてあったから」との答えが返ってきた。筆者は、臨床心理学が教育現場に提言してきたことの副作用がいかに強いかをその答えから感じた。不登校児にたいして「登校刺激はよくない」というマニュアルができあがっているのである。そこには教師の人格・存在がかかっていない。筆者は、登校刺激を出すことの是非が問題なのではなく、そこにかかわる教師の姿勢こそが問題にされなければならないと考えている。教師の人格・存在を賭けたことばには、教師の意志がある。マニュアルでの対応は形骸化されたもので、そこには教師の意志がない。教育現場において、意志あることばを語れる教師はどれくらいいるのであろうか。

誤解のないように付言しておくが、教師は自分が思ったことを何でもやればよいと言っているのではない。そういう考え方はふたたびマニュアルを産む。そうではなくて、生徒と教師が関係性を築くプロセスに教師がいかにエネルギーを傾けているかが重要なのである。生徒にとって、それは管理される関係でもなければ、服従する関係でもない。生徒が自身の人格を認められる関係である。そのためにこそ、教師にはみずからの人格・存在を賭けた意志あることばが必要なのである。

それは、第6章で論じたように、存在の知を土壌として語られる、「いかに生きるのか」につうじることばである。

不登校・いじめ・校内暴力・非行など、教育をめぐる現状はたしかに厳しい。たとえば、非行は子どもが既成の価値観にしたがった生き方をしないと宣言している姿とみることができる。不登校も同様である。このように子どもが求めてくるのであれば、教師はそれにたいして人格を賭けてかかわるべきであろう。筆者は、そのためにこそ、生徒と教師双方にとって道徳教育が見直されなければならないと考えている。周知のように、道徳教育は何も「道徳」という教科のなかでのみ行なわれるものではなく、学校教育全体のなかで実践されるべきものである。現状を見回すと、ある意味で子どもたちはあきらめているようにすら思われる。生きるために必要な個性が学校という場、教師とのかかわり合いでは磨かれないと感じている。教育においては、まさに生きるための道徳とは何かが問われているように思われるのである。

教育とは、社会の様相との関連のなかで、「いかに生きるのか」という次元での人間の営みに実践的にかかわり、人間が育つということを、かかわる当人をも含めて体験していく作業であるとの筆者の考えはすでに提示した。このようにみると、道徳教育は、教育現場での臨床教育学の実践領域として位置づけられる。このような観点に立って、今後、道徳について実践的に考えることで臨床教育学を展開させていきたい。

3　スクールカウンセリング

一九九五年、文部省は「スクールカウンセラー活用調査研究委託」という新規事業を開始した。それによって、心理療法家（臨床心理士）が教育現場という子どもの日常の場に参入することになった。筆者もその一員としてこの事業に参加し、試行錯誤を重ねてきた。今後、この事業は拡大される様相をみせている。このような現状にあって、心理療法家と教育との接点はますます強くなっていくことが予想される。大変意味深いことであるが、心理療法家の責任もいっそう重くなったと言わねばならない。

筆者は、スクールカウンセリングを臨床教育学における心理療法家の実践領域の一つとして捉えている。スクールカウンセリングの実践においては、心理療法の体験はもとより、学校という場における子どもと教師の営みの現状を知ることが必要である。さらには、学校の背景にある地域文化への深い理解が必要である。小手先の心理療法の技術で行なえるほど甘くはない。実践体験からの実感である。したがって、スクールカウンセリングが心理療法と深くかかわる領域であることはもちろんであるが、心理療法とは異なる実践が今後展開されていくことになるのではないかと考えている。すなわち、スクールカウンセリングを人間にかかわる独自の実践領域として位置づけることが必要になってくると思われるのである。今後の大きな課題であろう。

繰り返し強調してきたように、子どもたちは「いかに生きるのか」という深く重いテーマを抱えて苦しんでいる。教師も子どもの教育に深い悩みを抱えている。心理療法家は、教師とともに、「いかに生きるのか」というテーマに実践的に取り組んでいかねばならない。

4　いかに死ぬのか

このように教育を捉えるとき、教育とは人間が生きることと切り離すことのできない領域であることがわかる。教育とはたんに学校教育を意味するだけでなく、広く人間の営みにかかわるものなのである。そして、「いかに生きるのか」は「いかに死ぬのか」と通底する。本書では充分にふれることができなかったが、これからの高齢化社会の到来にあって、ターミナルケア、ホスピス、尊厳死、安楽死、死への教育といった「いかに死ぬのか」というテーマに向けての臨床教育学の展開を模索していかねばならないと筆者は考えている。

文献

序説

(1) 河合隼雄『臨床教育学入門』岩波書店、一九九五年、二五一頁。
(2) 前掲書『臨床教育学入門』四-一二頁。
(3) 同。
(4) 岩宮恵子『生きにくい子どもたち――カウンセリング日誌から』岩波書店、一九九七年、四頁。
(5) 皆藤章『風景構成法――その基礎と実践』誠信書房、一九九四年、三一二頁。
(6) 河合隼雄「現代と境界」および「境界例とリミナリィ」『生と死の接点』岩波書店、一九八九年、三一一-三五二頁。
(7) 河合隼雄「時代の病としての境界例」『こころの科学』三六、日本評論社、一九九一年、二四-二九頁。
(8) 皆藤章「境界例に関する一試論」『京都大学教育学部紀要』三一、一九八五年、二〇六-二一七頁。
(9) 河合隼雄「現代と境界」『生と死の接点』岩波書店、一九八九年、三二四頁。
(10) 河合隼雄「序　いま『宗教』とは」宇沢弘文・河合隼雄・藤沢令夫・渡辺慧編『岩波講座　転換期における人間　第九巻　宗教とは』岩波書店、一九九〇年、二六頁。
(11) 竹田青嗣『現代思想の冒険』毎日新聞社、一九八七年。(ちくま学芸文庫、筑摩書房、一九九二年、一四頁)。

第I部
第1章

(1) Kerényi, K. & Jung, C. G., *Einfuhrung in das Wesen der Mythologie*. Rhein-Verlag AG., 1951.（カール・ケレーニィ／カール・グスタフ・ユング著『神話学入門』杉浦忠夫訳、晶文社、一九七五年、二二頁）。

(2) Eliade, M., *Das Heilige und das Profane, Vom Wesen des Religiösen*. Rowohlts Deutsche Enzyklopädie, Nr. 31, Hamburg, 1957.（ミルチャ・エリアーデ著『聖と俗――宗教的なるものの本質について』風間敏夫訳、法政大学出版局、一九六九年、八九頁）。

(3) 前掲書『聖と俗――宗教的なるものの本質について』八九頁。

(4) 同。

(5) Eliade, M., *Mythes, Rêves et Mystères*. Gallimard, 1957.（ミルチャ・エリアーデ著『神話と夢想と秘儀』岡三郎訳、国文社、一九七二年、三四頁）。

(6) Eliade, M., *Birth and Rebirth*. Harper & Brothers Publishers, 1958.（ミルチャ・エリアーデ著『生と再生』堀一郎訳、東京大学出版会、一九七一年、一二-一四頁）。

(7) 前掲書『生と再生』一八-一九頁。

(8) Jung, C. G., *Memories, Dreams, Reflections*. "*Erinnerungen Träume Gedanken*" Jaffé, A., ed. Random House, Inc, 1961.（カール・グスタフ・ユング著、A・ヤッフェ編『ユング自伝――思い出・夢・思想』二巻、河合隼雄・藤縄昭・出井淑子訳、みすず書房、一九七三年、一九一頁）。

(9) Jung, C. G., von Franz, M-L., Henderson, J. L., Jacobi, J., Jaffé, A., *Man and His Symbols*, Aldus Books Limited., 1964.（ジョセフ・ヘンダーソン「古代神話と現代人」ユング他著『人間と象徴』上巻所収、河合隼雄監訳、河出書房新社、一九七五年、二〇三-二〇六頁）。

(10) 前掲書『生と再生』七頁。
(11) 前掲書『生と再生』八頁。
(12) 前掲書『生と再生』三頁。
(13) 河合隼雄『大人になることのむずかしさ』岩波書店、一九八三年、六六-六九頁。
(14) 前掲書『大人になることのむずかしさ』六九-七六頁。
(15) 前掲書『ユング自伝——思い出・夢・思想』五五-一二四頁。
(16) 前掲書『ユング自伝——思い出・夢・思想』二巻、六五頁。
(17) 前掲書『大人になることのむずかしさ』二〇一頁。
(18) Jung, C. G., *Psychology and Religion*. Yale University Press, New Haven and London, 1938.（カール・グスタフ・ユング著『心理学と宗教』村本詔司訳、人文書院、一九八九年、一二頁）。
(19) Nietzsche, F., *Also sprach Zarathustra*. 1883-91. *Kröners Taschenausgabe* Band 75, Alfred Kröners Verlag, Stuttgart, 1953.（フリードリッヒ・ニーチェ著『ツァラトゥストラ』上巻、ニーチェ全集九、吉沢伝三郎訳、ちくま学芸文庫、一九九三年、一〇七頁）。
(20) 河合隼雄「母性社会日本の〝永遠の少年〟たち」『中央公論』四、中央公論社、一九七五年（『母性社会日本の病理』所収、中央公論社、一九七九年、八-三四頁）。
(21) 前掲書『母性社会日本の病理』。
(22) Prigogine, I. and Stengers, I., *Order out of Chaos—Man's New Dialogue with Nature*. Bantam Books, New York, 1984.（イリア・プリゴジン／イザベル・スタンジェール著『混沌からの秩序』伏見康治・伏見譲・松枝秀明訳、みすず書房、一九八七年、六五-一〇一頁）。
(23) 前掲書『混沌からの秩序』三九-四〇頁。
(24) 前掲書『混沌からの秩序』三七頁。

(25) 西研『実存からの冒険』毎日新聞社、一九八九年（ちくま学芸文庫、筑摩書房、一九九五年、二〇-二一頁）。
(26) 竹田青嗣『現代思想の冒険』毎日新聞社、一九八七年（ちくま学芸文庫、筑摩書房、一九九二年、六八頁）。
(27) 前掲書『実存からの冒険』四〇頁。
(28) 磯部卓三「フィクションとしての社会制度」磯部卓三・片桐雅隆編『フィクションとしての社会――社会学の再構成』世界思想社、一九九六年、三-二二頁。
(29) 松田素二「民族におけるファクトとフィクション」前掲書『フィクションとしての社会――社会学の再構成』一八四-二〇九頁。
(30) 成田善弘「〈シンポジウム〉境界例とかかわる」（河合隼雄・鈴木茂との対談）『こころの科学』三六、日本評論社、一九九一年、八六頁。
(31) 鑪幹八郎「エリクソン、E・H・」『別冊発達四　発達の理論をきずく』ミネルヴァ書房、一九八六年、二〇四頁。
(32) 河合隼雄「概説」飯田真・笠原嘉・河合隼雄・佐治守夫・中井久夫編『岩波講座　精神の科学　第六巻　ライフサイクル』岩波書店、一九八三年、三八頁。
(33) 河合隼雄「序　いま『宗教』とは」宇沢弘文・河合隼雄・藤沢令夫・渡辺慧編『岩波講座　転換期における人間　第九巻　宗教とは』岩波書店、一九九〇年、二五頁。
(34) 河合隼雄『ユング心理学入門』培風館、一九六七年、二-三頁。
(35) 養老孟司「ヒトの起源」多田富雄・中村雄二郎編『生命――その始まりの様式』誠信書房、一九九四年、一五二頁。
(36) 小林康夫「始まりとは何か」前掲書『生命――その始まりの様式』二〇〇-二〇一頁。
(37) 前掲書『大人になることのむずかしさ』二〇一頁。
(38) 前掲書『聖と俗――宗教的なるものの本質について』八六頁。

第2章

(1) Levi-Strauss, C., *Myth and Meaning*. University of Toront Press., 1978.（レヴィ＝ストロース著『神話と意味』大橋保夫訳、みすず書房、一九九六年、一六頁）。
(2) Benjamin, W., *Zur Kritik der Gewalt*., Werke Band1., Suhrkamp Verlag KG. 1921.（ベンヤミン著「暴力批判論」野村修訳。ヴァルター・ベンヤミン著作集1『暴力批判論』所収、高原宏平・野村修訳、晶文社、一九六九年、二九頁）。
(3) 前掲書『暴力批判論』三〇-三一頁。
(4) Girard, R., *La violence et le sacre*., Bernard Grasset. 1972.（ルネ・ジラール著『暴力と聖なるもの』古田幸男訳、法政大学出版局、一九八二年、一三六頁）。
(5) 今村仁司『排除の構造』青土社、一九八九年（ちくま学芸文庫、筑摩書房、一九九二年、二四頁）。
(6) 河合隼雄・村上春樹『村上春樹、河合隼雄に会いにいく』岩波書店、一九九六年、一七四-一七五頁。
(7) 中井久夫『分裂病と人類』東京大学出版会、一九八二年、二三六頁。
(8) 赤坂憲雄『新編　排除の現象学』筑摩書房、一九九一年、一一-六三頁。
(9) 前掲書『新編　排除の現象学』二二六頁。
(10) 前掲書『暴力批判論』三三頁。
(11) 前掲書『排除の構造』三一頁。
(12) 前掲書『暴力と聖なるもの』一六五頁。
(13) 前掲書『暴力と聖なるもの』二〇八-二〇九頁。
(14) 前掲書『暴力と聖なるもの』四一六-四一七頁。
(15) 前掲書『分裂病と人類』二三七頁。

(16) 前掲書『暴力と聖なるもの』四一四頁。
(17) Jung, C. G., Der Göttlische Schelm., Rein-Verlag. 1954.（ユング「トリックスター像の心理」ポール・ラディン他著『トリックスター』皆河宗一・高橋英夫・河合隼雄訳、晶文社、一九七四年、二七〇頁）。
(18) 前掲論文「トリックスター像の心理」二七〇頁。
(19) 前掲論文「トリックスター像の心理」二七一頁。
(20) 前掲論文「トリックスター像の心理」二七六頁。

第3章

(1) 赤坂憲雄『新編　排除の現象学』筑摩書房、一九九一年、一一-六三頁。
(2) 前掲書『新編　排除の現象学』二三頁。
(3) 前掲書『新編　排除の現象学』四一-四二頁。
(4) 前掲書『新編　排除の現象学』四四頁。
(5) 前掲書『新編　排除の現象学』五〇頁。
(6) 前掲書『新編　排除の現象学』二一-二二頁。
(7) 前掲書『新編　排除の現象学』五一頁。
(8) 同。
(9) 牧口一二「〈不自由〉人の課題が、学校を〈自由〉にする」河合隼雄・灰谷健次郎編『現代日本文化論三　学校のゆくえ』岩波書店、一九九六年、一二一-一四三頁。
(10) 前掲論文「〈不自由〉人の課題が、学校を〈自由〉にする」一四二頁。
(11) 『中学校学習指導要領』文部省、一九八九年、一頁。
(12) 河合隼雄『臨床教育学入門』岩波書店、一九九五年、八七-一四〇頁。

(13) 河合隼雄『子どもと悪』岩波書店、一九九七年、一八二頁。
(14) 大沢周子『たったひとつの青い空――海外帰国子女は現代の棄て児か』文藝春秋、一九八六年。
(15) 前掲書『たったひとつの青い空――海外帰国子女は現代の棄て児か』。
(16) 前掲書『たったひとつの青い空――海外帰国子女は現代の棄て児か』二二八頁。
(17) 河合隼雄「母性社会日本の〝永遠の少年たち〟」『中央公論』四、中央公論社、一九七五年『母性社会日本の病理』所収、中央公論社、一九七九年、八-三四頁。
(18) 前掲書『たったひとつの青い空――海外帰国子女は現代の棄て児か』六五-九七頁。
(19) 前掲書『たったひとつの青い空――海外帰国子女は現代の棄て児か』二一七-二一八頁。
(20) 前掲書『たったひとつの青い空――海外帰国子女は現代の棄て児か』二一九頁。
(21) 河合隼雄「学校のゆくえ」河合隼雄・灰谷健次郎編『現代日本文化論三　学校のゆくえ』岩波書店、一九九六年、二六八頁。
(22) 前掲論文「〈不自由〉人の課題が、学校を〈自由〉にする」一三八頁。

第4章

(1) 河合隼雄「概説」飯田真・笠原嘉・河合隼雄・佐治守夫・中井久夫編『岩波講座　精神の科学　第六巻　ライフサイクル』岩波書店、一九八三年、一-五四頁。
(2) Hillman, J., *Revisioning Psychology*. Harper & Row., p. ix., 1975.
(3) Ibid, p. 134.
(4) 河合隼雄『日本人とアイデンティティ――心理療法家の眼』創元社、一九八四年、五一-五二頁。
(5) 藤原勝紀、私信、一九九五年。

第5章

（1）「あした天気に」『朝日新聞』一九九七年、一月九日。
（2）「いのち長き時代に 一」『朝日新聞』一九九七年、一月一日。「いのち長き時代に 二」『朝日新聞』一九九七年、一月三日。
（3）前掲紙「いのち長き時代に 一」。
（4）前掲紙「いのち長き時代に 二」。
（5）河合隼雄『大人になることのむずかしさ』岩波書店、一九八三年、二〇一頁。
（6）河合隼雄『老いのみち』読売新聞社、一九九一年、六六-六七頁。

第Ⅱ部

はじめに

（1）成田善弘『精神療法の第一歩』診療新社、一九八一年、一-二頁。
（2）河合隼雄『心理療法序説』岩波書店、一九九二年、二頁。

第6章

（1）Saussure, F. de, *Cours de linguistique generale.* Charles Balley et Albert Sechehaye, 1949.（フェルディナン＝モンジャン・ド・ソシュール著『一般言語学講義』小林英夫訳、岩波書店、一九七二年、九六-九七頁）。
（2）Blankenburg, W., *Der Verlust der natürlichen Selbstverständlichkeit.* Ferdinand Enke Verlag, 1971.（ヴォルフガング・ブランケンブルク著『自明性の喪失』木村敏・岡本進・島弘嗣訳、みすず書房、一九七八年、七五頁）。
（3）Jung, C. G., *Septem Sermones ad Mortuos.,* 1916. translated by Baynes, H. G., London, John M. Watkins,

1967.（ユング著「死者への七つの語らい」河合隼雄・藤縄昭・出井淑子訳『ユング自伝――思い出・夢・思想』二巻、みすず書房、一九七三年、二四五頁）。
（4） 前掲論文「死者への七つの語らい」二四三-二四七頁。
（5） 中井久夫「概説――文化精神医学と治療文化論」飯田真・笠原嘉・河合隼雄・佐治守夫・中井久夫編『岩波講座　精神の科学　第八巻　治療と文化』岩波書店、一九八三年、七〇頁。
（6） 神谷美恵子『人間をみつめて』みすず書房、一九八〇年、一三四頁。
（7） 前掲論文「死者への七つの語らい」二四九頁。
（8） 河合隼雄、甲南大学における講演、一九九四年。
（9） 河合隼雄『心理療法序説』岩波書店、一九九二年、一一頁。
（10） 前掲書『心理療法序説』九-一一頁。
（11） 前掲書『心理療法序説』一二-一三頁。
（12） 前掲書『心理療法序説』一三頁。
（13） A. Guggenbühl-Craig., *Macht als Gefahr beim Helfer*. S. Karger AG., 1978.（アドルフ・グッゲンビュール＝クレイグ著『心理療法の光と影』樋口和彦・安溪真一訳、創元社、一九八一年、三五頁）。
（14） 皆藤章「相互過程としてのスーパーヴィジョン」小川捷之・横山博編『心理臨床の実際　第六巻　心理臨床の治療関係』金子書房、一九九八年。
（15） 前掲書『心理療法の光と影』三六頁。
（16） 前掲書『心理療法序説』一四-一五頁。

第7章

（1） Maeterlink, M., *L'Oiseau Bleu.*, 1909.（メーテルリンク著『青い鳥』若月紫蘭訳、岩波書店、一九五一年）。

（2） 宮澤賢治『なめとこ山の熊』宮沢清六・天沢退二郎・入沢康夫・奥田弘・栗原敦・杉浦静編纂『新校本　宮澤賢治全集　第十巻〔童話III〕本文篇』筑摩書房、一九九五年、二六四-二七二頁。初出年は不明だが、山内修編著『年表作家読本　宮澤賢治』によると、制作年は一九二九年と思われる（山内修編著『年表作家読本　宮澤賢治』河出書房新社、一九八九年、一七一頁）。

（3） Jung, C. G., *Kinderträume*. Walter-Verlag A. G. Olten, 1987.（ユング著『子どもの夢I・II』氏原寛監訳、李敏子・青木真理・皆藤章・吉川眞理・森谷寛之・鈴木睦夫訳、人文書院、一九九二年）。

（4） 前掲書『子どもの夢I』三六四頁。

（5） 河合隼雄・谷川俊太郎『魂にメスはいらない』朝日出版社、一九七九年、一九頁。

（6） 前掲書『魂にメスはいらない』。

（7） 皆藤章「人は人との関わり合いによって心を蘇らせてゆく」河合隼雄編『心を蘇らせる』講談社、一九九五年、二三六-二四四頁。

（8） 「河合隼雄氏に聞く」日本経済新聞、一九九六年、六月二二日。

（9） Spiegelman, J. M., personal communication. 1993.

（10） 皆藤章「自閉傾向を持つ七歳児M子の症例」京都大学教育学部心理教育相談室紀要『臨床心理事例研究』第一〇号、一九八三年、一五七-一六五頁。

（11） 前掲論文「自閉傾向を持つ七歳児M子の症例」。

（12） 岡田康伸「皆藤論文へのコメント」京都大学教育学部心理教育相談室紀要『臨床心理事例研究』第一〇号、一九八三年、一六五頁。

第8章

（1） Jung, C. G., The Development of Personality., 1934. *CW17*. Princeton University Press, 1954.（ユング

著「人格の発展」アンソニー・ストー編著『エセンシャル・ユング』山中康裕監訳、菅野信夫・皆藤章・濱野清志・川嵜克哲訳、創元社、一九九七年、二一三頁)。
(2) 河合隼雄・谷川俊太郎『魂にメスはいらない』朝日出版社、一九七九年、一九頁。
(3) 河合隼雄・村上春樹『村上春樹、河合隼雄に会いにいく』岩波書店、一九九六年、一六三-一六四頁。
(4) Ellenberger, H. F., *The Discovery of the Unconscious.* Basic Books Inc., 1970. (アンリ・エレンベルガー著『無意識の発見』下巻、木村敏・中井久夫監訳、弘文堂、一九八〇年、三〇五頁)。

第9章

(1) 皆藤章『風景構成法――その基礎と実践』誠信書房、一九九四年。
(2) 山中康裕編『中井久夫著作集別巻　風景構成法』岩崎学術出版社、一九八四年。
(3) 中井久夫「精神分裂病者の言語と絵画――精神病理学者の眼」『ユリイカ』第三巻、第二号、青土社、一九七〇年(『中井久夫著作集一巻　分裂病』岩崎学術出版社、一九八四年、一-一七頁)。
(4) 河合隼雄「風景構成法について」山中康裕編『中井久夫著作集別巻　風景構成法』岩崎学術出版社、一九八四年、二四五-二六〇頁。
(5) 前掲書『風景構成法――その基礎と実践』一七-一八頁。
(6) 前掲論文「精神分裂病者の言語と絵画」八頁。
(7) 前掲書『風景構成法――その基礎と実践』二七〇-二八二頁。
(8) 前掲論文「風景構成法について」二四五-二六〇頁。
(9) 前掲書『風景構成法――その基礎と実践』八〇頁。
(10) 前掲書『風景構成法――その基礎と実践』八〇-一〇四頁。
(11) 山中康裕、長野県の白馬栂池で行なわれた風景構成法のワークショップにおける、筆者の発表にたいするディスカッションとコメント、一九九四年八月九日。
(12) 前掲論文「精神分裂病者の言語と絵画」一-一七頁。
(13) 前掲論文「風景構成法について」二四五-二六〇頁。
(14) 前掲書『風景構成法――その基礎と実践』三一二頁。
(15) 河合隼雄「現代と境界」『生と死の接点』岩波書店、一九八九年、三二四頁。
(16) 河合隼雄、甲南大学における講演、一九九四年六月二十日。
(17) 皆藤章「現代における心理臨床に関する一試論」大阪市立大学文学部紀要『人文研究』四六巻、一九九五年、一一二頁。

あとがき

心理療法は転換期を迎えているとの実感がある。また、心理療法のみならず、人間にかかわるさまざまな領域、さらには人間の営みそのものが転換期を迎えていると筆者には感じられる。現代のわれわれはどこへ向かっているのであろうか。このように自問しつつ、抗《あらが》いようのない何か大きな渦に呑み込まれそうになりながらも、筆者は二十年あまりにわたって心理療法の実践を積み重ねてきた。そのなかで、一心理療法家として自身の足場を確認しておく必要性を痛感してきた。とくに、この十年あまりはそうである。このような思いが本書執筆の大きな動機となっている。

書き進むなかで、少しずつ自身の足場がみえてきた。それは、「いかに生きるのか」をテーマとする臨床教育学の視座であった。筆者の考える臨床教育学と言ってもよいだろう。また、このテーマは多くのクライエントの語りを聴くなかから、そして自身の教育分析体験をとおしてもたらされてきた。

それにしても、現代のわれわれはどこへ向かっているのであろうか。「多様性の現代」という表現を随所で用いたが、正直なところ、「混沌の現代」と表現した方が適切ではないのかとさえ思われる。「混沌の現代」にあって、暴力性から創造性へのプロセスを現代のわれわれはいかに歩んでいこうとしているのか。本書に底流するのはこうした視角であるとも感じている。この意味で、本書執筆中に村上春樹の『ねじまき鳥クロニクル』（全三巻　一九九四　新潮社）と村上龍の『インザ・ミソスープ』（一九九七　読売新聞社）を読んだことは、まったくの偶然ではあったが、きわめて意味深い体験として筆者のなかに深く根をおろしている。いずれも関心を寄せている作家であり、これまで多くの作品を読んできたが、やはりひもとく時期というものがあることを思い知った。コンステレーションが働いていたのかもしれないが、両作品とも暴力性から創造性へと現代人がいかに向かっていくのかを根本のテーマとしている小説であると、現時点での筆者には思われた。筆者は、臨床教育学の視座から、このテーマについてさらに考えを深めていきたいと思っている。とくに、「おわりに」で提示したいくつかのテーマは真に重要なことであり、今後、理論・実践の両面から取り組んでいくつもりである。

執筆中に、「親愛なる」との形容で筆者を呼んで下さる、人生の長期間を病床で過ごしているある方が、「『内なる城』に学ぶ祈り」（『聖母の騎士』第三号一頁　一九九七　聖母の騎士社）と題する高橋たか子のエッセイを送って下さった。高橋たか子は筆者がもっとも敬愛する作家である。彼女は次のように書いている。

祈りとはどういうことかがよくわからなかったずっと昔、ふいに、それは自分の内へと下降することだ、と、わかった時があった。そして、人は一人一人が「存在の井戸」であって、この自分の井戸の中へと降りていくという存在感覚で、祈りというものを考え実行するようになったものだった。

しかし、そう簡単にはいかぬらしい人間内部というものを体験的に知っていた私は、アヴィラの聖テレサの、『内なる城』……から、たくさんのことを学んでいった。

彼女も、下降する、と言っている。そうすると、祈りを妨げるいろんなものに出会っていくことにもなるのである。祈りはきれいごとではなく、自分の中にある多様な雑多な厖大なもののすべてを抱えこんでいく、存在全体のわざなのだ。抱えこみつつ、それらが彼方からの光で浄化されていくことへと委ねつつ、ということだが。そしてそれは、日々、一生にわたって、続行されていくことだろう。そんな大きな視野で見るとき、祈りは、祈りという特定の行為のみならず、この生存していることそのものと重なる、深い底からの姿勢なのである。

よく、内向的な人びとで、内へ内へ沈んでいく時の自分がなくなる快さを言う人びとがあるけれど、それはそれでいいのだが、私見では、そのことと外向けのことと人においてバランスがとれていなければならない、と思っている。外への積極的な視野がひらかれていて他者と対話することもできる人が、自身の内へ下降することもできるという、両極のバランス。外ででも内ででも神に出会うことのできる、マルタとマリアの双方をふくみこんだ自分。そんな成熟へも、祈りの中で、祈りの主《あるじ》である神は人を浄化しつつ招き導いてくださっているのだろう。

（高橋たか子　一九九七）

このエッセイはカソリックの一修道者としてのことばであるが、本書に通底していることのほとんどを包み込んでいると言える。このエッセイへの出会いの不思議に、深く感謝したい。

この他にも、多くの不思議と出会うなかで本書は成った。多くのクライエントとの出会いもそうである。また、筆者が臨床教育学へと導かれるプロセスを、厳しく暖かく見守って下さった、恩師である河合隼雄先生（国際日本文化研究センター所長）。先生には第8章を御校閲いただき、貴重なご示唆もいただいた。また、幼少期から一貫して抵抗を抱き続けてきた「教育」ということばに新たな意味をもたらすきっかけを与えて下さった石附実先生（京都女子大学教授）。本書執筆をこころから励まし、貴重な資料を送って下さった滝口俊子先生（京都文教大学教授）。これらの方々に深謝申し上げたい。

最後になったが、数年前の心理臨床学会のシンポジウムにおける筆者の発表を聴いて下さり、一書にまとめることを勧めて下さった松山由理子氏にこころから御礼申し上げたい。松山氏とは、拙著『風景構成法——その基礎と実践』がご縁である。「混沌の現代」に、筆者にもたらされたこのような出会いと縁から本書は世に出た。

一九九七年十月

皆藤　章

初出一覧

序説　「臨床教育学と現代の時代性——その展開に向けての序説」『甲南大学臨床心理研究』五号、一九九六年（加筆修正）。
第6章　「存在の知」大阪市立大学文学部教育学教室紀要『教育学論集』二十巻、一九九四年、および、「現代における心理臨床に関する一試論」大阪市立大学文学部紀要『人文研究』四六巻、三号、一九九五年（いずれも全面改稿）。
第9章　「心理療法と風景構成法」山中康裕編『風景構成法その後の発展』岩崎学術出版社、一九九六年（加筆修正）。

著　者

皆藤　章（かいとう　あきら）
1957年　福井県生まれ
1986年　京都大学大学院教育研究科博士課程単位取得退学
1993年　大阪市立大学助教授
1995年　甲南大学助教授
現　在　京都大学大学院助教授．博士（文学）．臨床心理士
著　書　『風景構成法』誠信書房　1994年，『事例に学ぶ心理療法』（共著）日本評論社　1990，『カウンセリング入門』（共著）ミネルヴァ書房　1992，『臨床心理テスト入門』（共著）東山書房　1988，『臨床的知の探究』下巻（共著）創元社　1988
共訳書　『プラクティカル・ユング』鳥影社　1993，『サリヴァン入門』岩崎学術出版社　1994，『エセンシャルユング』創元社　1997，『子どもの夢Ⅰ・Ⅱ』人文書院　1992．

1998年3月5日　第1刷発行
2002年1月30日　第2刷発行

生きる心理療法と教育
――臨床教育学の視座から

定価はカバーに表示してあります

著　者　皆　藤　　章
発行者　柴　田　淑　子
印刷者　井　川　高　博

発行所　株式会社　**誠　信　書　房**
東京都文京区大塚三―二〇―六
電話〇三（三九四六）五六六六
振替〇〇一四〇-〇-一〇二九五

新興印刷　協栄製本　　落丁・乱丁本はお取り替えいたします
検印省略

生きる心理療法と教育
——臨床教育学の視座から（オンデマンド版）

2010年6月10日　発行

著　者　　皆藤　章
発行者　　柴田　敏樹
発行所　　株式会社　誠信書房
〒112-0012　東京都文京区大塚3-20-6
TEL 03(3946)5666　FAX 03(3945)8880
URL http://www.seishinshobo.co.jp/

印刷・製本　　株式会社　デジタルパブリッシングサービス
URL http://www.d-pub.co.jp/

AF756

ISBN978-4-414-93023-8　Printed in Japan